O EVENTO ESPORTIVO COMO OBJETO DE MARKETING

INSTITUTO PHORTE EDUCAÇÃO
PHORTE EDITORA

Diretor-Presidente
Fabio Mazzonetto

Diretora Executiva
Vânia M. V. Mazzonetto

Editor Executivo
Tulio Loyelo

Henrique Nicolini

O Evento Esportivo como Objeto de Marketing

2ª EDIÇÃO
ATUALIZADA

São Paulo, 2009

O evento esportivo como objeto de marketing
Copyright © 2006, 2009 Henrique Nicolini.

Rua Treze de Maio, 596
CEP: 01327-000
Bela Vista – São Paulo – SP
Tel/fax: (11) 3141-1033
Site: www.phorte.com *E-mail*: phorte@phorte.com

Nenhuma parte deste livro pode ser reproduzida ou transmitida de qualquer forma ou por quaisquer meios eletrônico, mecânico, fotocopiado, gravado ou outro, sem autorização prévia por escrito da Phorte Editora Ltda.

CIP-BRASIL. CATALOGAÇÃO-NA-FONTE
SINDICATO NACIONAL DOS EDITORES DE LIVROS, RJ

N554e
2.ed.

Nicolini, Henrique
   O evento esportivo como objeto de marketing / Henrique Nicolini. - [2.ed.]. - São Paulo: Phorte, 2008.
   144p.

   Inclui bibliografia
   ISBN 978-85-7655-065-5

   1. Esportes - Administração. 2. Eventos especiais - Administração. I. Título.

08-3524.   CDD: 796.069
                            CDU: 796.06

19.08.08   20.08.08   008269

Impresso no Brasil
Printed in Brazil

À
Lillian, minha esposa,
por sua colaboração para
que este livro fosse uma realidade.

Prefácio

O esporte, assim como a arte, carrega dentro de si uma chama. A chama que busca a superação "contra tudo e contra todos", que forja o herói das quadras ou da pista solitária, que forja o mito. O mito que supera o antes insuperável, que se torna mito para além de suas marcas, por sua capacidade de inspirar milhões, na prática modesta, mas nem por isso menos nobre, ou na simples admiração que também eleva o espírito.

O professor Nicolini sabe captar todos estes lados da manifestação esportiva, pois soube vivenciá-los. Quem teve a sorte de acompanhar os eventos que ele produziu foi testemunha da paixão que ele colocava em tudo o que fazia. Daí o sucesso que ele, por modéstia, atribui somente ao bom planejamento e ao rigor na preparação dos eventos – presentes e necessários, mas não suficientes para o pleno atingir de objetivos não tivessem sido coroados pela sua paixão.

Quem imaginar, por estas palavras, que ele se descuidava do retorno promocional para os patrocinadores engana-se. Homem prático e sonhador ao mesmo tempo, qualquer evento por ele produzido reunia alto índice técnico e alta repercussão, agregando às marcas que a ele se associavam os valores éticos e de superação do esporte. Que o digam as grandes marcas, que o acompanharam em sua longa trajetória promovendo o esporte, das quais ele dá testemunho neste livro.

Em sua forma simples e objetiva de explicar, ele reparte e ensina, com toda sua experiência, os passos para se chegar ao sucesso num evento esportivo. Quase um paralelo à preparação de um atleta: cada fundamento pensado, treinado, executado e repetido até a perfeição.

É um manual de melhores práticas na organização de um evento esportivo. E como tal, não conheço outro, ademais lastreado em tamanha vivência. É para ser adotado em qualquer escola de marketing, sem dúvida.

Os muitos atletas que seus eventos projetaram são um tributo à sua grande dedicação ao esporte, assim como às empresas e profissionais de marketing que nele acreditaram e beneficiaram suas marcas por meio dos patrocínios.

Este é um livro sobre a nobreza do esporte e sobre uma nobre forma de marketing. Mas, acima disto, um livro sobre o trabalho de um homem que, muitas vezes abnegado, quase sempre propositadamente nos bastidores pelo brilho maior do evento, realizou em favor de toda uma comunidade: o nobre trabalho do Professor Henrique Nicolini.

Milton Bonanno
Gerente de Comunicação & Marketing
da Philips do Brasil de 1981 a 2002

Sumário

Introdução	11
PARTE I – A produção do evento esportivo	13
1 - O universo do esporte	15
2 - A presença do cliente	21
3 - A escolha do evento	29
4 - A comercialização	33
5 - A produção do evento	37
6 - Implementação técnica	43
7 - A parte festiva do evento	49
8 - Decoração, as finais e a segurança	59
9 - Check-list inicial e relatório final	67
PARTE II – A experiência como lastro	73
10 - Início pela *A Gazeta Esportiva*	75
11 - Case 1: o vôo próprio	79
12 - Case 2: um evento no *Guinness Book*	83
13 - Case 3: primeiro Campeonato Mundial de Futebol de Salão	89
14 - Case 4: Copa Arizona, maior do mundo!	95
15 - Case 5: Intercolegial Itaú	105
16 - Case 6: Copa Tigrão de Futebol de Salão	111
17 - Case 7: Operação Juventude	115
18 - Case 8: Olimpíadas Philips	121
19 - Case 9: Jogos Pernambucanas	127
20 - Recordes de público	135
21 - Eventos realizados	137
22 - Prêmios, citações e láureas	143

Introdução

O esporte é um valor cultural que mobiliza grandes contingentes de pessoas por apresentar em sua essência um forte conteúdo lúdico e emocional. Quer como praticante, quer como espectadora, parte da população mundial vai a estádios, quadras e piscinas em busca de um espetáculo ou à procura dos benefícios para a saúde que a atividade física proporciona.

Esta característica transformou a prática esportiva, principalmente nas últimas décadas, em um valor social e, conseqüentemente, em um poderoso instrumento de marketing. Este se utiliza, para atingir propósitos, da devoção a uma instituição, seja um clube, uma escola, uma cidade e, numa projeção internacional, o próprio país. O apego a entidades catalisadoras da estima, e mesmo das paixões, constitui um dos pilares que sustentam a vida que gira em torno dos estádios e praças de esporte.

O espírito de autossuperação, de disputa, de valorização da vitória não é exclusivo da atividade esportiva. Ele também integra a essência do próprio marketing. Em ambos existe uma competição com igual empenho para a conquista da liderança. Na luta pelo mercado, o alvo é a imagem de um produto, o predomínio percentual de vendas, objetivando o lucro e a sobrevivência de uma empresa no mercado.

Produtos de consumo, ou instituições como bancos e empresas de alta tecnologia, são os protagonistas desta luta, desta disputa pelo consumidor ou pelo público em geral. Nada mais adequado, portanto, do que a interação esporte-marketing. Ela é válida para ambos, pois, de um lado, são obtidas divulgação e credibilidade a produtos ou empresas e, de outro, o esporte ganha aporte financeiro para o seu desenvolvimento, seja ele de base ou de alto rendimento.

É grande a diversidade de alternativas para o uso mercadológico do esporte. Refrigerantes, produtos alimentícios, redes de lojas, indústria de duráveis e semiduráveis, instituições de crédito, fábricas de automóveis e de material esportivo, autopeças e uma gama infindável de segmentos prestam-se para uma atividade promocional. A meta é encontrar um evento apropriado, uma ação na área do esporte condizente com os objetivos estabelecidos.

A diversidade de possibilidades, como veremos em um capítulo específico, permite uma oferta de iniciativas promocionais em quase uma centena de modalidades esportivas, que vão desde o sofisticado golfe até os populares jogos de malha ou de bocha. Entre as disciplinas esportivas disponíveis neste mega mostruário, as de maior aceitação popular são o futebol de salão, o voleibol, o tênis, a natação, o basquetebol, o judô, o handebol e os vários tipos de luta que, por si só, somam outra centena de chances de escolha. Dentro desta ampla disponibilidade, os departamentos de marketing das empresas têm de escolher a mais apropriada ao seu público-alvo e adequá-la à faixa etária do praticante. Deve ser ainda eleita a melhor alternativa: um evento voltado para o espectador ou um de participação, isto é, deverão decidir se na pirâmide do esporte são mais aconselháveis as ações voltadas para a base ou para o seu vértice, o chamado "alto rendimento".

A forma da escolha, a metodologia da produção, a exata adequação aos objetivos dos dois lados envolvidos são pontos cruciais a serem explorados em uma publicação com as propostas deste livro. É fundamental, portanto, que se faça um estudo detalhado das possibilidades que o esporte pode proporcionar dentro da ótica do cliente, atendendo suas metas específicas de marketing e as características de seu *target*. Quem organiza um evento deve sempre contemplá-lo com a visão do patrocinador.

É esta a meta que o presente livro pretende atingir, procurando ilustrá-la com a vivência do seu autor neste campo de atividade, pois qualquer sugestão ou mesmo teorização deve ter como lastro uma experiência específica na área, um caminho já percorrido.

PARTE I

A produção do evento esportivo

1

O UNIVERSO DO ESPORTE

Praticamente não existe evento que não possa estar ligado a um objetivo de marketing. Desde os mais simples até os mais sofisticados, sempre há uma possibilidade de vinculação com um produto ou uma instituição a ser promovida. Até os Jogos Olímpicos, nascidos sob a égide de um amadorismo radical, após cinqüenta anos de história, afrouxaram as rédeas de uma rígida ortodoxia e passaram a aceitar gradativamente a chegada inexorável do profissionalismo promocional e, conseqüentemente, d o marketing. Embora hoje ainda não se admita o merchandising nas praças de esporte ou em uniformes de atletas, os Jogos Olímpicos, por intermédio do patrocínio institucional e dos direitos de televisão, transformaram-se em autêntico fenômeno econômico pelo volume de dólares envolvidos.

O resultado de um investimento em marketing esportivo depende principalmente da adequação do evento à natureza do produto a ser promovido e da escolha do público-alvo. Para que essa opção seja apropriada, é necessário o pleno conhecimento das alternativas que o universo do esporte pode proporcionar, bem como as características técnicas de cada modalidade, a abrangência social, a faixa etária envolvida e o nível econômico dos participantes. A preferência é resultante, portanto, do conhecimento, de uma análise e classificação das atividades esportivas praticadas na atualidade.

A PIRÂMIDE

Dentro do quadro apresentado, a primeira escolha a ser feita será entre um evento de base e um evento de vértice, distinção esta lastreada no nível técnico do participante. Na pirâmide do esporte, o vértice é representado pelos militantes que atingiram o nível internacional, o chamado "alto rendimento". Eles são representados pelos astros que defendem um país em campeonatos continentais, mundiais ou nos Jogos Olímpicos. Este seleto grupo é composto preponderantemente por atletas profissionais. Já o esporte de base é composto pelas pessoas que praticam esporte de forma diletante, ou mesmo pelos integrantes de uma camada emergente de candidatos a fazer parte do esporte de vértice. Este é um esporte massivo cujo universo engloba os componentes dos clubes esportivos, das escolas, dos centros educacionais, das corporações militares, dos clubes de fábricas e de outros grupos sociais de grande significação quantitativa.

Nos eventos de participação, tanto as quadras quanto as arquibancadas ficam lotadas.

O elevado número de praticantes constitui a principal característica do esporte de base que, por este aspecto, pode também ser considerado o alicerce da estrutura esportiva de uma nação, uma vez que seus eventos podem ser tidos como o primeiro degrau de uma escada que termina no pódio olímpico. Também podemos incluir neste grupo os atletas do escalão intermediário entre a base e o vértice. São os integrantes das categorias emergentes de novos ou juniores e, naturalmente, todo o esporte infanto-juvenil.

A altura do vértice técnico de um país, isto é, sua expressão esportiva em um âmbito internacional corresponde à largura da base, pois o esporte não pode ser representado pela figura de um coqueiro, com vértice alto mas sem base, pois nesta figura, desaparecido pela inexorabilidade do tempo o grupo de elite que mantinha o nível alto, não haverá uma camada de atletas para substituir os que atingiram o topo. O vértice precisa ter apoio na base. Ele não flutua no ar.

○ PARTICIPANTE E O ESPECTADOR

○ ESPORTE DE ELITE

Nos eventos de vértice, a principal atração é a presença de grandes nomes do esporte. Neste caso, Bjorn Borg.

Um evento de vértice visa principalmente o espectador. A cena proporcionada pelos competidores de alto nível é o seu principal atrativo. De maneira geral, o número de concorrentes numa competição de alto rendimento não é grande. A atração de um certame de elite reside na qualidade técnica, no nível dos participantes convidados. A razão da aceitação popular está na emoção que proporcionam ao público os lances de um jogo de futebol, de voleibol, de basquete, de handebol, de futebol de salão ou outras modalidades coletivas. A natação e o atletismo conseguem, igualmente, apaixonar, principalmente o público que entende a linguagem das trenas dos cronômetros.

A escolha de um evento em que o fulcro é o espetáculo está vinculada à beleza estética, característica essa inerente à ginástica artística, à elegância do tênis e a outras alternativas peculiares de dezenas de outras disciplinas esportivas.

O ESPORTE DE BASE

O elemento motivador do esporte de base é a *participação*. Dessa vez, o público-alvo predominante não está nas arquibancadas, mas dentro das quadras, piscinas e pistas. Este público já não é o que aplaude uma jogada. Ele é o protagonista. É o que procura marcar o gol, dar o *smash* ou correr pelas ruas da cidade em provas pedestres.

Geralmente, o *recall*, isto é, a lembrança residual de uma promoção é maior no evento de participação do que no evento voltado para o espectador. O atleta nunca esquece o lance de que ele foi o autor. Todavia, devemos reconhecer que, quantitativamente, um torneio com características de vértice mobiliza um número muito maior de pessoas. A arquibancada é maior do que o centro do campo, embora os eventos de base não sejam totalmente despidos de apelo popular. Eles abrangem subuniversos ponderáveis, de considerável significação quantitativa (colégios, bairros, fábricas etc.). O certame de vértice, por sua vez, atrai muito mais a mídia do que o de base, que envolve apenas o indivíduo e a comunidade que o rodeia. Os Jogos Olímpicos de Atenas deram uma espectação calculada em 3,6 bilhões de pessoas.

As disputas que se endereçam para o esporte de base têm grande aceitação ética, pois elas representam uma contribuição à sua difusão como valor social, além de constituírem uma prospecção em alta escala de talentos para o futuro e para um elevado nível técnico de uma comunidade, de uma nação em um plano internacional.

Algumas disciplinas esportivas se prestam à realização de um tipo de evento misto. O pedestrianismo, por exemplo, pode reunir o objetivo técnico e o massivo. Eventos como a Maratona de Nova York e a própria São Silvestre, do Brasil, usam o artifício de colocar um bloco de elite à frente da grande "largada" e, metros após, abrir a oportunidade para muitos milhares de concorrentes cujo objetivo é simplesmente completar o percurso, e, em alguns casos, obter uma classificação honrosa.

Tipos de eventos

Podem ser considerados eventos de vértice as competições de nível nacional ou internacional integrantes do calendário oficial de federações ou confederações de um país. Estão neste rol alguns campeonatos estaduais, os brasileiros, os sul-americanos, os pan-americanos, os das ligas nacionais e mundiais e os Jogos Olímpicos. Também integram esta categoria as disputas criadas com objetivo de marketing para um cliente ou grupo de clientes. É a qualidade dos concorrentes convidados que, naturalmente, vai indicar se o evento é de cúpula ou de base.

Torneios de vértice com objetivo promocional ocorrem com maior freqüência nas modalidades de tênis, natação, atletismo (provas pedestres), voleibol e golfe.

O esporte de base é mais acessível a promoções extra-calendário com objetivo promocional.

De acordo com os objetivos específicos do patrocinador, apresenta-se uma grande lista de alternativas de promoções. Citamos como exemplo:
- Provas pedestres;
- Campeonatos colegiais poliesportivos, envolvendo público jovem;
- Provas de águas abertas e torneios massivos de natação;
- Torneios populares, a exemplo do programa de eventos de *A Gazeta Esportiva* e outros veículos de divulgação nas últimas oito décadas;

- Torneios de futebol de salão para universos gerais e segmentos específicos, de empresas e categorias de trabalhadores;
- Torneios massivos de tênis;
- Caminhadas ecológicas;
- Passeios ciclísticos etc.

Nos capítulos finais deste livro serão demonstrados alguns *cases* de eventos nesta área.

Certames destinados a esportes ou provas de menor apelo popular não se prestam a grandes mobilizações e se justificam apenas por razões especiais ditadas pela estratégia de marketing do cliente. Enquadram-se neste caso modalidades e provas pouco praticadas na nossa sociedade, como arco e flecha, golfe, salto com vara, pólo a cavalo etc.

2

A presença do cliente

A promoção esportiva visa sempre a um retorno. Ela não é mecenato, pois busca uma contrapartida ao investimento, dentro da indispensável avaliação pelo critério do custo-benefício. A maximização dos resultados será conseqüência de uma boa escolha da ação adequada e da implementação do evento em alto nível profissional.

Apresentamos, a seguir, as formas pelas quais o cliente pode marcar sua presença em uma ação esportiva.

Patrocínio

É altamente prestigioso o patrocínio de um evento esportivo. Ele contribui muito para a imagem de uma marca junto ao público-alvo. Embora preponderantemente institucional, o patrocínio também é vendedor, uma vez que exista a necessária identificação com um *target* visado. O retorno será maior se o patrocínio for exclusivo. Neste caso, na maioria das vezes, o cliente tem o direito de dar o nome de seu produto ao próprio evento, aumentando a desejável identificação entre o torneio e a marca. A exclusividade evita o inconveniente de dividir com outros a mesma mensagem e o merchandising no local da promoção.

Muitas vezes, porém, o alto custo de uma promoção obriga a entidade que assume a responsabilidade da sua produção a dividir esse patrocínio em cotas para tornar exeqüível a sua realização.

QUANDO O PATROCÍNIO É EXCLUSIVO, A PRESENÇA DO CLIENTE FICA MUITO MARCADA. ELE NÃO DIVIDE ESPAÇO COM OUTROS PATROCINADORES.

Promoção de produtos

O patrocínio enseja ao cliente uma grande oportunidade de promoções paralelas, como degustação (se o produto é de consumo), distribuição de brindes e material demonstrativo do produto que está sendo promovido etc. Neste aspecto, cada caso é um caso, e o aproveitamento mercadológico por parte do cliente deve ser fruto de sua criatividade.

Sempre que possível, a agência promotora do evento deve colocar sua estrutura à disposição do cliente para atendê-lo em seus objetivos, principalmente quando este não tiver um departamento próprio de promoções para executar esta função.

Merchandising

Outra forma de retorno para o cliente é o merchandising no local do evento, isto é, na quadra, na pista, no campo. Além da visualização direta de placas e *banners* pelo público, os resultados desta forma de comunicação aumentam sensivelmente se o evento for coberto pela televisão e por jornais, pois o pro-

A presença do cliente

Um caso de merchandising bem aproveitado. Merchandising, neste caso, também é decoração.

Na decoração do evento interno da Alcan, uma filosofia de administração.

23

duto aparecerá sempre como pano de fundo da ação esportiva fotografada ou filmada.

A presença do merchandising em uma competição esportiva é tão valorizada que, se um jogo for realizado em uma quadra nua, despida deste instrumento de propaganda, ele dará a impressão de uma disputa inexpressiva, sem importância, de segundo nível.

DIVULGAÇÃO: RETORNO DE MÍDIA

Conforme a importância e as características do evento, ele pode interessar à mídia. Isto é, receber divulgação gratuita em veículos impressos ou eletrônicos, retorno este que pode ser estimulado por um trabalho de assessoria de imprensa (RP e *press-releases*).

A acolhida a este trabalho é maior em jornais de bairro ou mesmo do interior. Os grandes jornais e emissoras nacionais dificilmente aproveitam o material que chega por via de *releases*.

Existem empresas especializadas em medir este tipo de retorno, chegando ao requinte de avaliar em dinheiro a divulgação publicada gratuitamente. Sempre que possível, esta avaliação deve constar do relatório final apresentado a um cliente.

Se for fundamental a ampla repercussão do evento, é aconselhável que a sua divulgação esteja associada a um esquema de mídia junto a um ou mais veículos. É verdade que se trata de uma estrutura onerosa, muitas vezes até mais cara do que a produção do próprio evento em si, mas justificável em grande número de ocasiões. Nesse caso é estabelecida também uma parceria com um veículo de comunicação, pois, para o cliente, o item mais importante de uma implementação é a divulgação. O que conta para ele, além do *target* diretamente envolvido pelo evento, é o que for difundido na mídia.

Os certames de vértice, isto é, os que reúnem astros famosos como competidores, normalmente recebem melhor acolhida na publicação das matérias concernentes a eventos promocionais. Ele é normalmente pautado pelos chefes de reportagem.

A importância da internet

O desenvolvimento da comunicação através da internet ocupa a cada dia um espaço mais importante e significativo na implementação de um evento esportivo com objetivo de marketing.

Ela é um instrumento de comunicação entre a organização e o público-alvo. Todas as informações, como regulamento, instrunções, datas e prazos, podem ser levadas ao *target* da promoção. A abertura de um site específico pode ser uma via permanente de contato com o universo envolvido pela inicitiva. Até as inscrições podem ser feitas por intermédio do computador.

Dentro do ângulo da divulgação, a internet tem um papel essencial. Colateralmente ao veículo escolhido para a difusão do evento, uma outra série de informes poderá ser fornecida pela via virtual que, igualmente, não deixa de ter seu mérito como mídia do cliente.

Patrocínio de atletas e equipes

O patrocínio não precisa estar obrigatoriamente atrelado a um evento. A imagem de uma instituição ou produto pode também estar ligada

Personagens importantes participam destes eventos. Na foto, dois recordistas mundiais de natação: Ricardo Prado e Manoel dos Santos Jr.

ao prestígio de um atleta de sucesso. Este patrocínio é muito comum no automobilismo, chegando-se a poluir o macacão do piloto ou seu carro com inúmeras mensagens mercadológicas.

Astros e times famosos de futebol também são patrocinados por grandes empresas. Sem os recursos desta origem, muito poucos atletas e clubes poderiam sobreviver. Alguns jogadores podem auferir um lucro extra por usar material esportivo de determinada marca comercial.

DIREITOS TELEVISIVOS

Também podem ser enquadrados neste capítulo que vincula o marketing ao esporte os recursos provenientes da cessão de direitos televisivos. Eles são a mercadoria e a fonte de recursos de entidades oficiais, como federações estaduais, nacionais e internacionais e do próprio Comitê Olímpico Internacional. São o principal item de entradas no balanço das entidades e os instrumentos de comercialização são as grandes redes de TV.

Os volumes movimentados nesta área são impressionantes. Nos Jogos Olímpicos de Atenas, atingiram o montante de 1 bilhão e 750 milhões de dólares, 40% dos quais resultados de permutas (alimentação, equipamentos esportivos, aparelhos, uniformes dos voluntários, divulgação etc.).

Este tema, porém, já foge ao objetivo central deste livro, que é a metodologia e a produção do evento esportivo.

MARKETING INTERNO

Nem todos os eventos esportivos precisam obrigatoriamente estar ligados a uma venda comercial ou à imagem externa de uma instituição. Existe também o que poderíamos chamar de marketing interno. Trata-se de ações em que a empresa visa obter o *good will* de seus próprios servidores, campanha esta freqüentemente originada por iniciativa dos departamentos de recursos humanos.

Algumas empresas, em ocasiões especiais, como seus aniversários, geralmente quando completam datas redondas, costumam comemorá-los com eventos. São certames esportivos internos, complementados por ações como a escolha da rainha da empresa, o melhor intérprete musical, além de outras atividades condizentes com os seus objetivos.

Os resultados destas promoções têm sido auspiciosos, pois elas acabam registrando sensível melhoria no relacionamento entre a direção e os funcionários e, também, entre os próprios funcionários. Muitos empresários concordam que este tipo de investimento traz um retorno desejável quanto à estima da mão-de-obra em relação à organização que as emprega.

3

A ESCOLHA DO EVENTO

Os critérios para a escolha de um evento esportivo com objetivo de marketing variam de acordo com os objetivos do cliente, com a estratégia estabelecida para o produto, com o perfil do consumidor ou com a imagem da marca. São tão grandes as variações possíveis que se pode concluir que cada caso é um caso. Nesta avaliação, cada cliente tem um comportamento próprio, condizente com sua filosofia empresarial.

Mesmo diante deste panorama, é conveniente tomar conhecimento dos fatores que compõem esta diversidade e que, certamente, serão levados em consideração na hora de apontar a alternativa mais apropriada.

A CORRIDA, ATIVIDADE NATURAL, É A MAIS UNIVERSAL DAS MODALIDADES ESPORTIVAS.

Institucional ou vendas

O cliente pode escolher um evento de caráter institucional, instrumento mais apropriado à fixação da imagem de uma entidade. É a promoção mais conveniente para empresas de eletricidade, de telefonia ou instituições ligadas ao mercado financeiro (bolsas de mercadorias, bancos etc.).

O evento institucional é mais sutil na proposição da mensagem e difere da estratégia de marketing mais apropriada para produtos de consumo que se caracteriza por uma maior agressividade. A meta principal é vender.

Nível técnico

Pode-se, conforme o *briefing* apresentado pelo cliente, oferecer a promoção de um evento de vértice ou um de base voltado para aqueles que estão se iniciando na prática de uma disciplina esportiva. Para um cliente, pode ser de grande interesse promover um evento que reúna como protagonistas uma verdadeira multidão de jovens colegiais, ou corredores apaixonados por provas pedestres ou maratonas vestindo camisetas com seu logotipo. Pode, porém, interessar-se por disputas entre os melhores em nível internacional de cada modalidade esportiva. Em vez de milhares correndo na rua, pode-se optar por uma competição entre astros do topo da pirâmide, um certame altamente seletivo, ou seja, visando à identificação do cliente com a figura do vencedor.

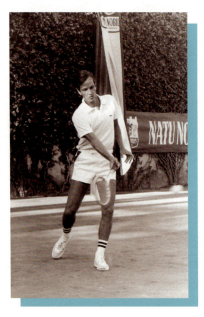

Jorge Paulo Lehmann, uma das maiores personalidades do mundo das finanças, participou de um evento voltado para o tênis. Participou e venceu o torneio.

Nível sócio-econômico

A escolha do evento também varia de acordo com o nível sócio-econômico do público-alvo. Não se justifica utilizar um certame de pólo a cavalo ou hipismo para promover um produto de cunho tipicamente popular. A recíproca também é verdadeira. Um torneio de bocha ou malha dificilmente será apropriado para promover um perfume sofisticado, uma grife da moda, um whisky 12 anos ou uma joalheria.

Universalidade e direcionamento

Existem modalidades esportivas, como o futebol de salão, que se caracterizam por seu grande grau de universalidade. O esporte massivo constitui um excelente instrumento para a abordagem, tanto de *target* amplo quanto de um altamente dirigido, como o do setor de autopeças, de mecânicos ou funcionários de lojas de revendas. Produtos do ramo de material de construção podem adotar o patrocínio de eventos entre depósitos e lojas especializadas neste setor da atividade humana, como podemos demonstrar pelos *cases* da segunda parte deste livro. Futebol de salão, provas pedestres e o voleibol figuram entre as modalidades mais universais.

O índice de difusão do futsal em nosso país diminui a margem de risco de uma promoção desta modalidade esportiva.

Eventos masculinos e femininos

Ultimamente, o sexo feminino tem ganhado novos espaços na sociedade, e a diferenciação entre esportes especificamente masculinos e femininos está muito reduzida. A mulher já participa até de muitas modalidades de luta e o futebol feminino integra a programação oficial dos Jogos Olímpicos.

Este fato não quer dizer, todavia, que não seja aconselhável a escolha de disciplinas predominantemente femininas, como as modalidades de voleibol, natação, tênis, ginástica artística etc., muito mais condizentes com a mulher quando ela for o público-alvo.

Faixa etária

Um evento, como já foi dito, varia de acordo com a faixa etária, principalmente em virtude do maior ou menor empenho físico empregado. A pesca, os jogos de damas ou xadrez não exigem nenhum dispêndio de energia física e são condizentes com a terceira idade, enquanto o triatlo e as maratonas são extenuantes. Este fator não pode ser esquecido na escolha de uma promoção.

Concluindo

Para cada necessidade mercadológica do cliente deve haver um evento específico. A função do promotor ou da agência especializada na sua produção é ter, repetimos, a capacidade de adaptar o universo de oferta aos interesses mercadológicos específicos do cliente, isto é ao universo da demanda.

4

A COMERCIALIZAÇÃO

A parte mais árdua e penosa para uma agência de eventos, ou mesmo um produtor autônomo é a comercialização. A dificuldade para poder comprovar a sua capacidade e, mesmo, o bloqueio para se chegar aos executivos do cliente com poder de decisão constituem a maior barreira para que a promoção aconteça.

O produtor de eventos precisa estabelecer uma estratégia de marketing próprio para romper estas dificuldades que, por sinal, não são específicas da área promocional, mas de todo o mundo da propaganda e, mesmo, de toda a venda de serviços.

PESQUISA DE MERCADO

O trabalho da venda de um evento deve começar por um levantamento cadastral de todo o mercado potencial, levantamento este que absorve informes das empresas, dos produtos a elas vinculados e das agências que as atendem. É fundamental analisar, mediante pesquisa, os clientes mais suscetíveis à atividade promocional e, principalmente, a eventos esportivos.

Também é imprescindível verificar se a empresa a ser contatada tem por hábito absorver diretamente a atividade promocional ou delegá-la a agências de propaganda. É igualmente importante saber tudo o que for possível sobre a estratégia de marketing do eventual cliente ou de seus produtos especificamente, para que haja um pré-direcionamento logo nos primeiros contatos.

Para que o mercado tome conhecimento da existência da agência de promoções ou dos produtores autônomos, deve-se enviar por correio eletrônico ou via postal um *portfolio* com o perfil do promotor, com a oferta de seus serviços a todos os endereços da empresa obtidos no cadastro dos possíveis interessados.

O BRIEFING

O ideal seria obter previamente um *briefing* da estratégia do cliente em relação ao público-alvo da promoção. Este fato permitiria chegar ao primeiro *approach* com o cliente com um planejamento direcionado e bem próximo de uma realidade objetiva.

O "APPROACH"

Vencidas as barreiras de contactação e programada a primeira reunião, o importante será:

- Fazer uma apresentação da agência promotora (ou do produtor autônomo), demonstrando sua capacidade profissional, experiência na área e trabalhos realizados. Levar documentação e material audiovisual comprobatório de outros eventos já realizados (se houver).
- Feito isto, é importante apresentar na ocasião um pré-plano que, no caso de o cliente demonstrar interesse, poderá ser ajustado e melhorado com novas sugestões.
- Caso não seja possível, por desconhecimento do interesse do cliente, apresentar um pré-plano desejável, ou levar um rol de possíveis alternativas.
- Apresentar, após o contato e a possível anuência, um plano final, tendo como ponto de partida um *briefing* definitivo proporcionado pelo cliente.
- Tomar em consideração, no dimensionamento do evento e no estabelecimento dos custos, as possibilidades econômicas do cliente, para que não se perca um negócio por uma oferta acima da sua capacidade de fazer o investimento.
- Discutir a questão da conveniência da exclusividade da promoção ou a adoção de cotas de patrocínio, aspecto abordado em capítulo anterior.

A CONDUTA DE QUEM VENDE

É fundamental no primeiro *approach* transmitir uma atmosfera de confiabilidade, pois o cliente, ao concordar com a realização de um evento, também está apostando na agência ou no produtor. Ele está assumindo uma posição de risco. O executivo, ao assinar uma autorização, está enfrentando uma responsabilidade.

Se o evento obtiver o "de acordo" do cliente, o contrato deve ser claro, expondo detalhadamente e com a maior transparência possível todos os serviços que serão prestados, especificando o *timing* estabelecido para a execução.

É recomendável fazer relatórios parciais periódicos, informando os serviços concluídos em cada fase da realização do evento para o devido acompanhamento do cliente.

Recomenda-se cortesia no trato com o cliente, sem chegar ao nível da bajulação. A altivez de quem presta serviços é uma demonstração de capacidade e competência.

5

A produção do evento

O padrão de qualidade é essencial para o êxito de um evento. Além de proporcionar bons resultados para o cliente, o sucesso que for obtido, igualmente, estende-se para a empresa que o produziu e implementou. O alto nível de uma ação promocional transfere-se para a imagem do produto a ser promovido e, conseqüentemente, para o prestígio do cliente como entidade. O prestígio da agência de promoções, como decorrência, também se beneficia de um trabalho bem executado.

A qualidade da organização confere confiabilidade ao próprio desenvolvimento técnico da promoção. Transmite ordem às competições, contribui para a disciplina e obtém a colaboração dos participantes. Gera excelente receptividade do universo envolvido. A indisciplina nasce da desorganização.

O capricho na implementação é, do mesmo modo, uma forma idônea de se corresponder à confiança do cliente, devolvendo com um trabalho consciente os recursos investidos numa promoção. Esta conduta corresponde a meio caminho andado para garantir a continuidade da realização da mesma ação no ano seguinte, transformando uma disputa isolada em uma seqüência de eventos. É também a forma de se obter uma preciosa fonte de referência sobre a qualidade da empresa promotora. Enfim, etimologicamente: honorário que dizer receber com honra.

Abrangência e direcionamento

Uma das questões iniciais na produção do evento é localizá-lo geograficamente. Uma série de fatores, entre os quais o alto custo, recomenda somente em condições muito específicas a realização de uma promoção com abrangência nacional.

A regionalização de um certame deve atender em primeira instância à estratégia de marketing do cliente. É ele que deve indicar onde está o seu principal objetivo, pois, em um país imenso como o nosso, uma escolha varia de acordo com:

- *Estágio de desenvolvimento econômico regional.* É sabido que o desenvolvimento econômico apresenta contrastes entre as regiões norte e nordeste e sul e sudeste ou centro-oeste. Investir em locais de população rarefeita ou de baixo poder aquisitivo não é interessante a custo benefício. O evento deve estar onde estiver o seu público-alvo.

- *Desenvolvimento cultural.* Às diferenças econômicas geralmente correspondem diferenças culturais. Estas são geradas pelo próprio passado histórico que influiu no comportamento social de cada região. Este fator é responsável, portanto, pela diversidade de escalas de valores predominante em cada estado do país.

Iogurtes e público estudantil são compatíveis.

- *Regiões metropolitanas e interior.* A regionalização de um evento passa ainda pela avaliação de se optar por um evento típico de região metropolitana, ou se, ao contrário, ele deve voltar-se para o interior.
- *Esportes típicos regionais.* Preferências esportivas também interferem no critério de regionalização. Há esportes populares em alguns estados e quase não praticados em outros. É o caso do beisebol, por exemplo, que não tem acolhida na Bahia, ao passo que certames de peteca conseguem grande repercussão em Minas Gerais.

REGIONALIZAÇÃO – EVENTOS PARA SUPERMERCADOS NO RIO GRANDE DO SUL. PATROCINADOR: LPC.

A regionalização do evento, portanto, deve atender prioritariamente a objetivos mercadológicos e deve levar em consideração critérios de natureza geográfica, econômica, histórica e cultural.

Um exemplo prático de endereçamento geográfico de uma promoção esportiva pode ser verificado no planejamento dos Jogos do Oeste, promovidos pelas Pernambucanas, que cobriram uma área prioritária em sua ação estratégica (no Capítulo 19, o croqui impresso representa as áreas e cidades cobertas pelas etapas regionais e pela final desse evento).

A PRODUÇÃO DO EVENTO

Após a escolha da ação mais recomendável, a etapa imediata é a sua produção.

Existe uma série de providências que fazem parte da estrutura de um evento, independentemente da modalidade escolhida. São itens comuns a todos eles, e não se vinculam a especificidade de cada um.

Neste rol, poderíamos reunir os itens correspondentes ao expediente, à comunicação e diversos outros que serão detalhados mais adiante, quando falaremos da importância de um *check-list*, medida prévia também indispensável em todos os estágios de uma implementação.

Existe uma série de providências que dão o *start* a um evento. São elas:

• *Criação do logotipo.* Movimenta-se o departamento de arte para a criação de um logotipo comunicativo para o evento. Ele deve refletir com criatividade a imagem que se pretende dar ao produto e ao cliente. A escolha da cor deve corresponder aos padrões da marca a ser promovida (no Capítulo 21 apresentamos vários modelos de logotipo).

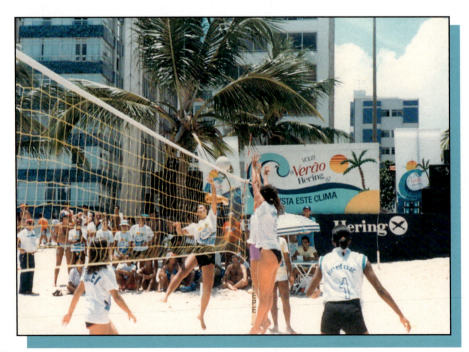

O LOGOTIPO DEVE TER COMO TEMA A ESPECIFICIDADE DO EVENTO.

- *Material gráfico*. A aprovação do logotipo dará o tiro de partida para a produção do material gráfico necessário para as providências subseqüentes. Trata-se de papéis, envelopes, fichas de inscrição convites e outras peças análogas. Esta é a providência mais urgente, pois será ela que liberará as ações prioritárias de comunicação e envolvimento do público-alvo, visando à participação massiva no evento. Uma implementação só acontece com a encomenda do material gráfico.
- *Material de decoração e merchandising*. A criação do logotipo vai dinamizar a criação e produção do material de merchandising e de decoração dos locais de competição. Considerando-se o tempo necessário para a sua produção, é aconselhável que a confecção desse material seja acionada logo no início da implementação, para não haver transtornos com os prazos de entrega. Os principais materiais que integram este item são faixas, *banners*, prismas e outras peças elaboradas em tecido, plástico ou madeira, tudo de boa qualidade.

Os itens, que implicam no padrão de cor e na imagem da marca ou do produto a ser promovido, requerem a presença e a aprovação do cliente. É fundamental que o merchandising da competição inclua o nome do evento e

MERCHANDISING NA PISCINA DA ÁGUA BRANCA.

do produto que promove. Podem haver também peças exclusivamente comerciais, anunciando somente o produto-alvo da promoção.

Terceirização

A produção das peças de merchandising ou de decoração e outros importantes serviços podem ser feitos diretamente pela empresa promotora do evento ou ser terceirizados. A delegação da prestação de serviços ocorre quando a produtora não possui estrutura especializada para confeccionar as peças programadas, isto é, verticalizar a implementação.

A terceirização deve levar em conta dois importantes critérios: os custos e a qualidade do trabalho a ser apresentado. Altos custos de terceiros podem prejudicar a rentabilidade de um evento. A indispensável pesquisa de mercado entre os fornecedores poderá reduzir sensivelmente os gastos finais do evento.

A qualidade dos serviços prestados também é essencial, pois, como já foi dito, tem interferência no padrão, na imagem e no desenvolvimento da promoção. A idoneidade de terceiros é tão importante que, em caso de haver falha, pode comprometer a própria promoção. A utilização de material de segunda categoria, ou mesmo uma cor fora do padrão é danosa. Este princípio também vale para outros tipos de serviço que igualmente são suscetíveis de terceirização, principalmente a sonorização e a iluminação. Um serviço de som sem nitidez ou estático, ou que falhe nos momentos apoteóticos pode transformar o sucesso em um autêntico fracasso. Por isso é recomendável checar antes a estrutura e a idoneidade das empresas fornecedoras e seus equipamentos.

6

Implementação técnica

A implementação técnica engloba itens correspondentes às ações específicas da área esportiva. Ela varia de acordo com a modalidade escolhida, mas há itens comuns a todas as alternativas que podem ser considerados universais. São os seguintes:
- Elaboração do regulamento.
- Manual de instruções ou como participar.
- Cadastro dos possíveis participantes.
- Arregimentação dos concorrentes quando não se tem um cadastro.
- Contratação de arbitragem.
- Pessoal de campo.
- Aquisição de material técnico.
- Oficialização e apoio.

Elaboração do regulamento

A elaboração do regulamento é a providência por meio da qual são estabelecidas as formas de disputa, os prazos de inscrição, as categorias em que se distribuem os participantes. Trata-se do item que dá forma à promoção. Ele define faixa etária, tempo de duração e demais quesitos. O regulamento deve ser simples, em linguagem clara.

Manual de instruções ou Como participar

O regulamento faz parte de um contexto maior, que inclui um manual de instruções. Este vai informar ao eventual participante os objetivos do evento, como se inscrever, endereços, como preencher os formulários de inscrição, além de outros itens que eliminem qualquer possibilidade de dúvida.

O evento esportivo como objeto de marketing

TORNEIO TOPPER
DE FUTEBOL DE SALÃO

Uma realização de Topper e A Gazeta Esportiva

Esporte coletivo. Modelo de ficha de inscrição.

Esta é a peça principal da mala direta que será encaminhada por via postal ou pela internet ao público-alvo previamente cadastrado com a devida antecedência. Aconselhamos que todos os informes façam parte de uma pequena revista que será de grande utilidade para o participante durante toda a realização do evento.

Esta mala direta também pode ser expedida via internet, e deverá integrar um site do evento.

Dois exemplos de capa dos livretos de instruções enviados ao público-alvo previamente cadastrado.

Cadastro

É fundamental para um evento que se possua um cadastro dos participantes potenciais. Se a promoção endereçar-se ao público estudantil, é preciso conseguir junto às autoridades escolares a relação dos estabelecimentos de ensino da região circunscrita pela promoção. Se o *target* for uma categoria profissional, geralmente o patrocinador possui a relação de empresas e revendas que integram o seu próprio círculo comercial e que gostaria de ver inscritas no evento.

O público-alvo, portanto, varia de acordo com o patrocinador. Pode abranger as áreas de autopeças, supermercados, profissionais de pintura. Ele se multiplica de acordo com a própria segmentação do mercado.

Arregimentação sem cadastro

Quando, por razões específicas, não for possível obter um cadastro, a arregimentação tem de ser feita através de divulgação utilizando-se como instrumento a internet e a mídia contratada. Este fato geralmente ocorre quando o evento não é endereçado para um segmento específico, mas a um público geral. Enquadram-se nestes exemplos campeonatos para equipes autônomas extra-oficiais de futebol de salão ou de futebol amador, ou concorrentes a certames de dominó, damas, xadrez, malha, bochas, ou no caso de corridas pedestres de participação massiva e outros eventos similares.

Nestas circunstâncias, a melhor maneira de arregimentar os participantes é a associação com um veículo impresso ou eletrônico de ampla penetração, aspecto abordado na primeira parte deste livro.

Todas as negociações com o veículo de divulgação devem ser feitas ainda no período de planejamento, muito antes do lançamento da promoção. Sem ampla comunicação não haverá participação.

Contratação de arbitragem

Outra providência que deve ter precedência cronológica na produção do evento é a contratação da arbitragem. Conforme a modalidade escolhida, este item interfere com grande peso no custo final. É preciso avaliar muito o orçamento apresentado e a qualidade profissional dos prestadores deste tipo de serviço.

Se não houver grande discrepância de preços entre a arbitragem de uma federação oficial da modalidade e a de juízes *free lancers*, é aconselhável sempre a opção pela entidade oficial, pois existirá neste caso uma divisão de corresponsabilidades da federação com a produtora do evento em uma área delicada da implementação.

Pessoal de campo

Toda empresa promotora de eventos, para obter êxito no seu empreendimento, deve ter uma equipe fixa de implementação. São os profissionais que ajudarão na organização dos desfiles inaugurais e depois na parte técnica, atuarão como representantes da organização geral junto à arbitragem e aos participantes. São os responsáveis pelo cumprimento dos horários programados e resolverão quaisquer problemas que possam surgir no momento, desde a falta da chave do vestiário até o funcionamento do placar eletrônico. Não é necessário que os especialistas que exerçam esta função sejam funcionários registrados. A área pode ser coberta por *free lancers* devidamente afinados com os critérios e orientação da direção geral. É recomendável a realização de reuniões, verdadeiros ensaios gerais, antes da abertura de qualquer evento. Cada contratado deve conhecer sua missão específica no conjunto e estar integrado pela promoção. Nesta área não pode haver espaço para improvisação. O pessoal de campo deve atuar uniformizado, para que seja devidamente identificado.

Aquisição de material técnico

Também este item precisa ser operacionalizado com alguma antecedência para que sejam evitados imprevistos de última hora. É necessário, sem sacrifício do padrão de qualidade, adquirir-se pelo menor preço bolas da modalidade do evento, apitos, redes, cronômetros, trenas e outros itens similares.

Por questão de segurança, convém identificar este material com a marca da empresa promotora do evento. Isto evitará a confusão com materiais trazidos pelas equipes concorrentes e também prejuízos causados por extravio.

Oficialização e apoio

Não convém realizar uma promoção à revelia da federação esportiva correspondente à modalidade do evento. Este bom relacionamento é aconselhável, mesmo que a federação não tenha nenhuma participação na promoção. O seu presidente e a diretoria devem ser convidados para todos os atos que comportarem a sua presença, como coquetéis de lançamento e solenidades de abertura ou encerramento.

7

A PARTE FESTIVA DO EVENTO

A parte promocional do evento desenvolve-se por meio de ações concomitantes à parte técnica das competições. É importante estimular o aspecto festivo, responsável pelo entusiasmo e uma atmosfera de alegria dos concorrentes. Esta área, geralmente, é altamente valorizada pelo cliente e comporta na seqüência os seguintes itens:

- Coquetel de lançamento
- Desfile inaugural.
- Camisetas e brindes.
- Bandas e fanfarras.
- Hasteamento de bandeiras.
- Acendimento de pira e cerimonial olímpico.
- Jogo inaugural.
- Tribuna e atendimento às autoridades.
- Convidados e personalidades.
- A solenidade é indispensável.
- Sonorização e iluminação.

COQUETEL DE LANÇAMENTO

A primeira ação pública de um evento bem organizado é o coquetel de lançamento. Ele pode ser realizado em um hotel de gabarito, clube de prestígio, ou locais similares. Convites bem produzidos devem ser endereçados a:

- dirigentes das equipes participantes;
- meios de comunicação;
- convidados indicados pelo cliente;
- autoridades esportivas nacionais, estaduais e municipais;

- dirigentes da federação responsável pela modalidade esportiva da promoção.

Neste coquetel podem ser distribuídos materiais informativos sobre o evento a ser realizado e também peças promocionais que integram o marketing do cliente (brindes, folhetos, prospectos etc.).

É indispensável neste coquetel a presença de recepcionistas de boa aparência e bem uniformizadas.

DESFILE INAUGURAL

Sempre que possível, um desfile deve ser incluído na programação da abertura do evento.

Trata-se de uma ação de caráter cívico que permite dar uma visão conjunta da abrangência da promoção. Como disse uma vez um cliente: "é o momento de contemplarmos o nosso rebanho". Se um evento principiar diretamente pela competição esportiva, haverá apenas uma visão fragmentária e dispersa da sua amplitude. Um desfile olímpico permite uma atmosfera de confraternização, uma comunicação de entusiasmo. É uma oportunidade de se demonstrar um alto nível.

A participação no desfile deve ser obrigatória, mas nem por isso ela seria entendida pelas equipes inscritas como um ônus. O atleta se sente

O AR FESTIVO NA INAUGURAÇÃO DO EVENTO É INDISPENSÁVEL.

olímpico ao fazer parte de uma cerimônia identificada com os Jogos Olímpicos. Normalmente os participantes, por iniciativa própria, comparecem com faixas de saudação e alegorias, dando um clima desejável à promoção.

Se for estabelecida a disputa de um troféu para a equipe de maior destaque na solenidade inaugural, haverá um interesse ainda maior, pois todos os participantes irão esmerar-se na apresentação.

A organização do evento deve fornecer plaquetas uniformes com o nome de cada equipe concorrente, a exemplo dos Jogos Olímpicos. Deve constar da abertura o cerimonial olímpico completo, isto é: juramento do atleta, acendimento da pira olímpica e o hasteamento das bandeiras.

CAMISETAS E BRINDES

Além da uniformização obrigatória dos integrantes do *staff*, conforme as disponibilidades do *budget* do patrocinador, podem ser distribuídos brindes para o público espectador. Entre estes, os mais comuns são as camisetas e bonés.

Este procedimento, por exemplo, é muito utilizado pelo Banco do Brasil nos eventos que patrocina, pois a uniformização da torcida traz um grande retorno, principalmente quando o evento é televisionado.

De outra parte, a camiseta usada individualmente fora do contexto da competição constitui um instrumento de merchandising, tanto para a instituição patrocinadora como para o produto. Enquanto durar a camiseta ou chapéu haverá uma comunicação válida pela exposição do material.

Outros brindes podem ser também utilizados, como bandeirinhas, chaveiros, mas acreditamos que o melhor deles ainda é a camiseta. Ela dá maior visualização.

BANDAS E FANFARRAS

A festa inaugural ganha nível e padrão quando tem a presença de bandas e fanfarras. Elas contribuem para a atmosfera de entusiasmo pelo som ao vivo e pelos uniformes coloridos. Elas também dão maior solenidade ao hasteamento das bandeiras. O evento perde um pouco quando a sonorização é feita unicamente por meio de música eletrônica gravada.

MÚSICA E COR SÃO INGREDIENTES DE UM EVENTO.

HASTEAMENTO DAS BANDEIRAS

O hasteamento das bandeiras, além de todo o seu simbolismo, também tem importantes aspectos mercadológicos adicionais. Em termos de relações públicas, permite que se faça uma deferência a clientes, autoridades e outras personalidades envolvidas pela promoção.

Além das bandeiras do país, do estado e do município em que se realiza o evento, também é possível hastear-se a bandeira da empresa patrocinadora e a do próprio evento. Quando as bandeiras provêm de diferentes origens, é comum ocorrer uma desproporção entre a medida delas, gerando uma imagem pouco harmônica. Deve-se examinar previamente este problema e, se possível, corrigir a tempo esta desproporção.

Esta sugestão pode parecer parecer secundária, mas recomendamos como essencial um teste no funcionamento das carretilhas e cordinhas a serem utilizadas no hasteamento das bandeiras. São freqüentes os casos em que as cordinhas enroscam e a bandeira não vai até o fim do mastro, ficando ridiculamente no meio do caminho, a meio pau. Convém sempre deixar um atendente recrutado do pessoal de campo ao lado de cada autoridade que vai participar do hasteamento para evitar acidentes decorrentes de problemas operacionais.

Existe o caso de uma cordinha que se rompeu em pleno hasteamento da bandeira nacional feito pelo comandante do II Exército, em um evento esportivo para o qual ele tinha sido convidado (felizmente não era produzido pelo autor). Aparentemente inofensiva, uma simples cordinha é coisa séria e merece muita atenção.

Acendimento da pira

O clímax da cerimônia é o acendimento da pira olímpica. É quando a comunicação do espírito da Grécia Antiga se faz de maneira intensa pela simbologia do ato. Para essa ocasião, o atleta escolhido deve ser previamente orientado. O percurso que ele fará precisa ser previamente delimitado, ensaiado, programado e cronometrado. A música que acompanhará, em crescendo, aquele momento deve ser, por segurança, eletrônica.

Quanto à seleção musical, recomenda-se aos que vão organizar a cerimônia a não-utilização da "Assim falou Zaratrusta", tema do filme *2001*

Pira: simbolismo da tradição grega.

– *Odisseia no Espaço*. Ela é tão aproveitada nessas ocasiões que executá-la, mesmo uma vez, será considerado mesmice, ou seja, falta de criatividade.

Os gestos que precedem o acendimento devem ser programados. É importante haver alguém da organização atrás da pira para pegar a tocha, pois é constrangedor o atleta permanecer muito tempo com ela na mão após o acendimento, perguntando a si mesmo: "O que eu faço com isto?".

A tocha e seu combustível devem ser também testados antes da solenidade. Nada mais desmoralizante do que ela apagar durante o percurso.

Jogo inaugural

É aconselhável realizar um jogo em seqüência à solenidade de abertura. Esta é a maneira de se aproveitar a atmosfera criada e o grande público, formado pelos desfilantes, para dar maior calor e entusiasmo ao espetáculo. É uma forma óbvia de completar o programa inaugural.

Nos jogos comemorativos aos 75 anos de Nadir Figueiredo, um flagrante da partida inaugural.

Reservado das autoridades

O local destinado às autoridades deve ser separado do público e ter seu ingresso severamente controlado por seguranças. Ele deve ser bem isolado para se evitarem invasões. É aconselhável montar um serviço de cafezinho, águas e refrigerantes para os convidados presentes. Recomenda-se a presença de recepcionistas neste recinto.

Convidados e personalidades

O prestígio de um evento também é medido pelo número de pessoas de renome que o prestigiam, como autoridades (governadores, prefeitos, secretários de Estado), personalidades do mundo da cultura e do esporte, ex-campeões e, principalmente, pessoas integrantes do universo do cliente.

A escolha de um atleta famoso para o acendimento da pira olímpica também se enquadra neste item de relações públicas em que se avalia o nível atingido pela promoção.

A presença de ídolos é um ingrediente obrigatório para o êxito de um evento. Esta promoção da Frutesp contou com o goleiro bicampeão mundial, Gylmar dos Santos Neves.

A SOLENIDADE É INDISPENSÁVEL

Finalizando este capítulo, chegamos à conclusão de que uma solenidade inaugural é indispensável em uma promoção. Até eventos de modalidades como xadrez, bocha, braço de ferro ou malha, com imagem pouco olímpica, podem ser iniciados com um desfile, pois o importante é haver um momento em que a iniciativa reúna a totalidade dos participantes. A realização exclusiva de jogos fragmenta o universo envolvido e não permite uma justa avaliação global do evento efetuado.

SONORIZAÇÃO E ILUMINAÇÃO

A sonorização constitui o calcanhar de Aquiles em todos os eventos e, principalmente, na solenidade de abertura. Uma simples falha neste item põe por terra todos os esforços realizados nas demais áreas concernentes à organização da promoção.

A falha do som desmoraliza e pode causar até a perda do cliente. Portanto, se a empresa promotora não tiver equipamentos próprios para desempenhar este serviço a contento, como afirmamos em outro tópico deste livro, deve renunciar a esta responsabilidade e contratar uma empresa com alto grau de profissionalismo para o fornecimento da aparelhagem necessária.

Eis algumas recomendações:

• Não aceitar que a firma contratada instale o som no momento do evento. É fundamental a realização de um teste-ensaio antecedendo a solenidade inaugural.

• No dia do evento, antes do início das solenidades, tornar a checar microfones, alto-falantes e mesas de som.

• Prestar atenção na adequação do volume de som ao ambiente. Nem muito alto, nem muito baixo.

• Verificar se os alto-falantes estão direcionados para os locais de maior concentração de público.

• Avaliar, no momento da contratação do fornecedor, a quantidade, qualidade e potência que será disponibilizada para a promoção e conferi-la na hora da instalação.

- Entrar em contato com a empresa concessionária de eletricidade da região para verificar se, por motivo de reparos na rede, não haverá falta de energia na área do evento. As empresas de som mais previdentes têm, como precaução, um gerador de energia para remediar esta indesejável possibilidade.

- Tudo o que foi dito para a sonorização é válido para a iluminação, embora reconhecendo que a consequência de uma falha nesta área é menos calamitosa do que na área da sonorização.

8

Decoração, as finais e a segurança

A decoração do local do evento é essencial para propagação de uma atmosfera festiva e também para fixação de uma imagem da experiência de seus organizadores. São necessários competência e gosto para que se obtenha um aspecto alegre e colorido, principalmente na abertura e no encerramento de uma promoção. As faixas (de visualização horizontal), devem ser colocadas nas grades dos ginásios. Os *banners*, geralmente de 5x1,5m, colocados no sentido vertical, devem ficar mais no final das arquibancadas para não atrapalharem a visão do espectador. Em pistas e campos de futebol e locais amplos, o material mais apropriado para a ornamentação é o prisma.

O conjunto destes materiais, se possível de tonalidades fortes e chamativas, compõe um visual que, somado às cores dos uniformes dos desfilantes, ao som de bandas e fanfarras e ao simbolismo olímpico, constrói um espetáculo de grande comunicação emocional. A beleza da pira olímpica e o significado do pódio completam um quadro que representa meio caminho andado para o êxito.

Parte do material de decoração deve ser reservada para o lado externo do estádio, criando clima antecipado para o evento que ainda vai começar.

Merchandising de quadra

O bom nível do merchandising integrante da decoração é fator de *status*, pois nada desmoraliza tanto um jogo quanto a sua realização em um estádio nu, despojado de um prisma, faixa ou outros instrumentos de comunicação visual.

Quando a promoção tiver mais de um patrocinador, é imprescindível uma reunião para se programar a localização do material de cada um deles. Um acordo prévio pode evitar desapontamentos e situações desagradáveis na hora do evento. Se possível, este aspecto deve estar previsto já no contrato que autorizou a promoção.

As finais

O mesmo capricho demonstrado na abertura do evento deve ser aplicado no seu encerramento. A decoração do local deve ter as mesmas características, e a quantidade de material deve ser a mesma da utilizada na solenidade de abertura.

Devem constar da programação final, se o evento for de esporte coletivo, a disputa de terceiro e quarto lugares (medalha de bronze) e a decisão final.

Após as demonstrações de alegria pelas vitórias, os atletas devem ser formados no centro da quadra para a entrega de prêmios. Deve haver um pódio, um local específico onde os concorrentes receberão suas medalhas. Este momento propicia a oportunidade a alguma autoridade de discursar regozijando-se com os participantes, e também possibilita ao cliente patrocinador usar da palavra. Em natação e atletismo, as premiações são realizadas no intervalo das provas.

Segurança

De acordo com o público-alvo participante, e nas modalidades coletivas escolhidas para o evento, é indispensável a presença de policiamento ou de seguranças particulares durante toda a realização da promoção, quer nas partidas de classificação, quer principalmente nas finais.

Em torneios de futebol amador, que reúnem clubes de periferia, este item é essencial. Sem um policiamento condizente com o volume de público, não convém nem realizar o certame. Por esta razão, é importante haver um bom relacionamento da promotora com a Polícia Militar ou com polícias municipais.

Inspeção prévia dos locais

Um complemento às medidas recomendadas para a segurança do evento é a inspeção prévia dos estádios. Isto deve acontecer não somente em relação a instalações esportivas de instituições privadas, mas até em lugares públicos consagrados, ponto de referência de grandes acontecimentos.

Muitas vezes restos de construção, tijolos e outros materiais estão nos estádios que realizam freqüentemente reformas ou pequenos reparos, sem o conhecimento da organização do evento. Um fato como este ocorreu num jogo da Copa São Paulo de Futebol, no Pacaembu, entre o São Paulo e o Palmeiras, com a perda de uma vida humana. Estes materiais têm de ser removidos em dias de jogo, pois eles podem ser usados como armas em guerras de torcidas.

O local dos jogos não deve conter, inclusive, pedras no chão. Conforme o clima e a rivalidade dos competidores, não pode ser autorizada a entrada de fogos de artifício, pois eles podem ser endereçados ao juiz, bem como aos jogadores ou à torcida adversária.

Naturalmente, há eventos de modalidades individuais ou coletivas despidos de rivalidade intensa em que os fogos são bem-vindos e fazem parte do espetáculo.

Na inspeção do local deve-se também redobrar a atenção para onde houver arquibancadas móveis. A inspeção delas deve ser feita com rigor duplo, pois não são raros os casos em que as arquibancadas desmontam com a vibração da torcida. Cautela nunca é demais!

Os prêmios

Os troféus, medalhas e diplomas constituem um grande instrumento para que o evento seja sempre lembrado. Durante décadas, eles permanecerão nas salas de troféus de clubes, escolas e empresas participantes. Os prêmios individuais integrarão o relicário de cada concorrente.

Por este motivo, não deve haver economia neste item. Recomenda-se que seja produzido um modelo personalizado para cada evento. A opção por um troféu standard, de mercado, leva ao risco de o ganhador já ter um modelo idêntico em sua galeria, fato que seria desmoralizante para patrocinadores e organizadores de uma promoção.

No dia seguinte ao encerramento, o evento transforma-se em recordação. Da premiação ficará a melhor lembrança da festa.

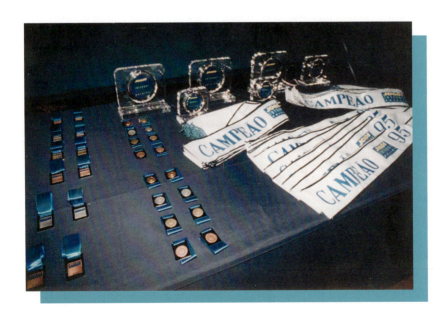

Decoração, as finais e a segurança

PRÊMIOS PERSONALIZADOS DÃO *STATUS* AO EVENTO.

ATRAÇÕES COLATERAIS

Pode acontecer que as equipes finalistas – no caso de uma promoção de esportes coletivos – não possuam grande torcida, não carreguem público para os jogos decisivos. Na abertura, são centenas. No encerramento, apenas quatro comunidades participantes.

Os organizadores devem estar preparados para esta eventualidade e programar atrações que possam lotar as arquibancadas. O objetivo é trazer de volta, no encerramento, a maior parte possível dos que desfilaram na abertura.

Estas atrações podem ser:

• Um show musical com um artista de prestígio. Neste caso, ao lado dos cuidados com montagem e produção, os organizadores devem estar atentos com o atendimento às entidades ligadas aos direitos

63

autorais dos compositores das músicas que fazem parte do repertório a ser executado.

- Um desfile para a eleição da rainha do campeonato, com concorrentes provenientes das equipes participantes.
- Um sorteio entre os presentes de um bem valioso.

É recomendável que a contratação do eventual show seja terceirizada. Deve-se salientar que cada artista contratado possui um conjunto musical para acompanhá-lo.

O desfile para a escolha da rainha pode ser produzido pela própria agência responsável pelo evento. Para que ele seja efetuado, basta apenas contratar uma pessoa especializada neste tipo de trabalho.

A ESCOLHA DA RAINHA DOS JOGOS É UM ITEM QUE SEMPRE AGRADA. É UM GRANDE MOMENTO NA FESTA DE ENCERRAMENTO DO EVENTO ESPORTIVO.

Uma empresa organizadora de eventos deve ter em seu equipamento permanente material para a montagem de um palco. Se o produtor não possuir esta estrutura, pode terceirizar o serviço. Deve-se, porém, levar em conta o que já dissemos em capítulos anteriores: o excesso de terceirizações acaba por corroer o lucro que um evento poderá gerar.

9

Check-list inicial e relatório final

O check-list

Logo após a assinatura da autorização para a realização de um evento esportivo com objetivos de marketing, uma das primeiras providências que deverão ser tomadas é a elaboração de um *check-list*. Trata-se de uma relação de providências e serviços que deverão ser executados a partir daquele momento até o relatório final do evento.

Este *check-list* valerá como verdadeiro guia dos trabalhos programados e, sem dúvida, aliviará a tensão nervosa que o executor dos trabalhos teria se tivesse que confiar na memória.

Esta lista deve ser completa e reunir tudo o que deve ser realizado para a concretização do evento, englobando todas as áreas que ele apresenta: administrativa, atendimento ao cliente, parte técnica, contatos de terceirização, aquisição de material etc.

Não existe um *check-list* único, uma lista que sirva para todos os eventos, pois cada um deles conserva a sua especificidade, uma identidade própria. Não há dúvida, porém, que mais de 50% dos itens são comuns a todas as promoções. Isto quer dizer que não existe uma "receita de evento". Podemos, porém, dar um esboço de conteúdo, que poderá orientar a quem se dispuser a organizar uma iniciativa com caráter promocional.

Comunicação visual

- Elaboração de logomarca do evento.
- Impressos personalizados.
- Criação e impressão de cartazes.

- Confecção de uma revista de instruções (como participar).
- Impressão de faixas e *banners* para a decoração de estádios.

Área administrativa

Na área administrativa, podem ser citados, entre outros:

- Planejamento de vendas.
- Contato com o cliente.
- Eventual apoio de entidades (federações e confederações ligadas ao esporte-alvo da promoção).
- Relação de convidados para solenidade de abertura, de lançamento e encerramento.
- Contatação com a mídia.

Área técnico-administrativa

Na técnico-administrativa, podemos citar:

- Cadastro para o envolvimento do público-alvo.
- Mala direta para os participantes potenciais(via postal e internet).
- Obtenção de locais e instalações para a realização das competições.
- Contratação de arbitragem.
- Criação e impressão de fichas de inscrição.
- Aquisição de súmulas para competições.
- Impressão de diplomas de participação.
- Aquisição de medalhas, troféus e outros prêmios.
- Aquisição de material técnico (bolas, redes, cronômetros).

Providências técnicas

- Elaboração dos regulamentos dos jogos.
- Instruções para a participação (redação).
- Contratação de pessoal de campo.
- Contratação de pessoal especializado para o desfile inaugural.
- Contratação de bandas e fanfarras.

O relatório final

A apresentação ao cliente de um relatório final, com todos os aspectos do desenvolvimento do evento promocional, é fundamental para a imagem da empresa que o organizou, pois:

- demonstra profissionalismo e correção;
- constitui um documento precioso para que os executivos que compraram a ideia do evento possam comprovar às suas instâncias superiores o acerto de sua decisão;
- é uma forma de a empresa organizadora demonstrar a magnitude do trabalho realizado.

Devem constar deste relatório:
- Breve histórico da promoção.
- A extensão do público-alvo envolvido.
- Descrição da abertura, com fotos.
- Tabelas e resultados.
- Fotos de decoração e relato do que foi feito em favor do cliente e do produto-alvo da promoção.
- Anexação dos recortes de jornais e relatório completo da divulgação.

DOCUMENTAÇÃO DO EVENTO

A produção de um evento deve ser altamente documentada, independentemente do registro do desenvolvimento da ação para fins de mídia. Além de fotos para jornais e vídeos para a televisão, deve-se organizar outra série desta documentação para efeito de relatório para o patrocinador e arquivo da empresa que o organizou.

Uma cópia do relatório final servirá para a agência promotora do evento como um mostruário a ser usado em futuras negociações.

A PROMOÇÃO DE EVENTOS COMO CONTRIBUIÇÃO SOCIAL

A realização de uma atividade promocional com as características que descrevemos corresponde a uma grande contribuição social. Os eventos destinados à base da pirâmide do esporte estimulam a fixação de valores na comunidade, principalmente entre a juventude. No momento em que o tempo e as energias disponíveis estão sendo mobilizados para as competições e para os treinamentos, os jovens não estarão sendo ocupados com drogas, sexo promíscuo, tabagismo, violência e outros problemas que tanto preocupam a sociedade moderna.

Do ponto de vista técnico-esportivo propriamente dito, estas promoções(que mobilizam alto índice de participação)contribuem para a formação de um alicerce consistente para o esporte de um país. Da largura da base depende a altura do nível técnico, e eventos como os que foram preconizados contribuem para que muitos esportistas tenham um início de carreira promissor. É o primeiro degrau de uma escada que poderá chegar ao pódio olímpico. Certames de base, independentemente de seu aspecto promocional, servem para revelar atletas emergentes: eles correspondem a uma mega prospecção de valores.

O reconhecimento dessa contribuição ao esporte é unânime. Todos sabem, por exemplo, que Gustavo Borges, recordista de medalhas olímpicas, natural de Ituverava, competiu pela primeira vez em uma promoção denominada Pernambucanas de Natação, em torneio regional realizado em Franca.

Deve ser considerado como uma conquista de alta significação aliar a imagem de um produto ou instituição a uma campanha de natureza social, cultural e de saúde, aprovada universalmente pela opinião pública, alinhada com os valores de uma sociedade sadia.

Recomendações para quem começa

Para as pessoas que tenham a intenção de se dedicar à produção do evento com objetivo de marketing, apresentamos algumas recomendações:

- Procurar somar o máximo de conhecimento específico quanto ao tipo de trabalho que vai desenvolver, tornando-se detentor do maior *know how* possível para exercer a atividade.
- Montar uma estrutura de forma cautelosa, compatível com o índice de risco, não se comprometendo inicialmente com despesas fixas de mão-de-obra ou alto custo de locação.
- Dar o melhor treinamento possível, tanto ao pessoal administrativo quanto ao pessoal de campo.
- Ter sempre em vista que o fluxo da atividade profissional varia sempre de acordo com a situação econômica do país. Existem ciclos favoráveis ou desfavoráveis à realização de eventos.

- Possuir um planejamento-paradigma de um evento de bom nível, para que no primeiro contato haja algo de concreto para mostrar.
- Ser sempre cordial no atendimento ao cliente, lembrando-se que cordialidade não significa bajulação.
- Possuir uma estrutura confiável de mão-de-obra terceirizada para os lançamentos e encerramentos de eventos.
- Possuir rede confiável de fornecedores de serviços e materiais: som, iluminação, material gráfico, material de decoração, prêmios etc.
- Levar em conta que as despesas fixas de uma empresa (salários, encargos trabalhistas, serviços, telefones, computadores, aluguel etc.) não podem ultrapassar 30% do faturamento mensal.
- Cuidar da imagem da empresa de promoções com o mesmo esmero com que os clientes cuidam da imagem dos produtos objetos da promoção.

PARTE II

A EXPERIÊNCIA COMO LASTRO

10

Início pela *A Gazeta Esportiva*

Na primeira parte deste livro procuramos mostrar a forma de se produzir um evento esportivo sem particularizar a especificidade de cada ação. Já a segunda parte tem por escopo apresentar os *cases*, isto é, individualizar um trabalho realizado para que ele exemplifique, ou mesmo documente os conceitos apresentados na parte inicial.

De fato, a exposição de uma experiência ou de um *case* bem-sucedido contribui dentro deste contexto como avalista de todo o conteúdo técnico-teórico defendido no início desta obra. De outra parte, é importante para o leitor conhecer as fontes e o lastro de vivências que contribuíram para fixação de um *know how*.

Introdução

O *know how* que sustentou este livro foi adquirido nos anos em que o autor atuou em *A Gazeta Esportiva*. Este jornal, em seu apogeu, foi detentor do recorde brasileiro de tiragem nas edições subseqüentes à Copa do Mundo de 70. A imagem e o prestígio desse veículo foram obtidos mediante ações promocionais e, mais especificamente, pela realização de eventos esportivos. Estes foram o carro-chefe e o sustentáculo de sua atividade de marketing.

Foi a visão intuitiva de seu dinâmico diretor, Carlos Joel Nelli, que transformou o Departamento de Promoções e Provas Populares em poderoso instrumento de interação com o seu público-alvo, constituído por centenas de milhares de leitores. Este contato criou um invejável sentimento de amizade, lealdade e fidelidade ao veículo. Ele foi a base do prestígio da *A Gazeta Esportiva*, que perdurou por muitos anos até que vicissitudes de caráter não técnico levaram o jornal a interromper sua edição impressa, permanecendo ainda hoje nos monitores através da GazetaEsportiva.Net.

Num verdadeiro arrastão, foram criadas disputas que cobriram praticamente todas as modalidades do esporte e se tornaram clássicas nas áreas de futebol amador, bochas, remo, xadrez, basquete, damas, voleibol, braço de ferro e tênis. O Campeonato Popular de Boxe, a Forja dos Campeões, iniciativa que revelou o mundialmente famoso Eder Jofre, foi o evento responsável pelo prestígio do pugilismo brasileiro. Competições de grande renome internacional integraram seu calendário, como a Corrida de São Silvestre, a Travessia de São Paulo a Nado, a Prova Ciclística Nove de Julho.

Os anos de vínculo ativo do autor com a Fundação Casper Líbero, da qual ainda não se desligou (é o mais antigo funcionário registrado em atividade na empresa), serviram como verdadeira escola. O contato próximo e direto com um mestre como Nelli permitiu absorver a sua motivação e o que ele pretendia com a profunda valorização da atividade promocional através do esporte.

CASES

Parte considerável da conceituação apresentada neste livro está lastreada, portanto, em experiência, em vivência recolhida em décadas de atividade profissional na qual a promoção esportiva sempre esteve integrada ao cotidiano. Como redator ou como produtor do evento, o autor esteve por obrigação onde estava a competição, onde estava o evento.

A atividade desenvolvida na *A Gazeta Esportiva* teve seqüência no comando de Comunicações Nicolini, uma empresa especializada em promoções esportivas que complementou, com uma visão de marketing, a vivência pioneira nascida na vida jornalística.

O grande número de eventos realizados, tanto no jornal quanto como produtor autônomo, não permite uma exposição completa e detalhada de toda a atividade exercida. Por essa razão, somente algumas ações de especial significação foram transformadas em *cases* para o conhecimento mais detalhado do público interessado no tema.

Embora os eventos efetuados sejam anteriores ao presente milênio, o seu *know how* resiste a modernismos e ao próprio passar do tempo. Aristóteles distinguia em sua lógica a essência do acidente. Explicava ele que a essência é o que faz que uma coisa seja o que ela é. Já o acidente corresponde à soma de qualidades que se pode atribuir a uma coisa, mas que não integram obrigatoriamente a sua essência. Se forem retiradas, não haverá perda de sua identidade ou realidade. A coisa continua sendo a mesma.

Como conseqüência, os *cases* que serão apresentados continuam atuais e válidos, embora efetuados há algum tempo. A essência não mudou e será eternamente a mesma. Alguns eventos apresentados se tornaram clássicos e outros não encontraram similares no panorama promocional atual. Muitos foram premiados por entidades de prestígio internacional. Difícil foi selecionar, entre todos que foram realizados, os que deveriam ser revividos sob a forma de fotos e letra impressa para os possíveis interessados. Cremos que este livro, sem a divulgação dos *cases* e a publicação de fotos, tornar-se-ia simples teorização conceitual, desligado da realidade, ou informação sem prova.

11

CASE 1: O VÔO PRÓPRIO

Escolhemos o de Comunicações Nicolini S/C. Ltda., a empresa do autor, como o primeiro *case* a ser relatado.

Como foi dito em capítulo anterior, durante anos a chefia do Departamento de Promoções e Provas de *A Gazeta Esportiva* e a participação no *staff* organizador de trinta Corridas Internacionais de São Silvestre proporcionaram ao autor deste livro um lastro vivencial que foi mais tarde aproveitado na agência que estava sendo montada: tratava-se de um vôo próprio.

Este vôo foi precedido de um período intermediário com a realização de promoções em parceria. Passadas décadas, algumas delas, feitas em conjunto com *A Gazeta Esportiva*, ainda são relembradas saudosamente por todos os seus participantes. Foram mega realizações, como a Operação Juventude de Atletismo, a Copa Arizona de Futebol Amador ou a Copa Natu Nobilis de Tênis.

A referida parceria nasceu do fato que, muitas vezes, ao assinar o patrocínio de um evento de *A Gazeta Esportiva*, o cliente tinha dificuldades para implementar a promoção nos itens que lhe competiam, isto é, aproveitar o patrocínio do ponto de vista mercadológico. Para evitar a perda de um negócio para aquele jornal, surgiu a necessidade de se abrir uma empresa para atender colateralmente às necessidades do patrocinador. Nasceu assim Comunicações Nicolini, inicialmente lançada no universo da produção do material de merchandising e da decoração de estádios. Com o tempo, a empresa passou a ocupar vários outros espaços que estavam a quilômetros de distância da área de atividade específica de *A Gazeta Esportiva*.

Comunicações Nicolini, fundada em 1978, era uma empresa que começou no fundo de quintal (literalmente!) da residência de seu diretor-presidente. Dois anos depois, ela ocupava sede própria num imponente sobrado com grandes acomodações à Rua Estela, bem perto do Colégio Bandeirantes.

Sem o vínculo obrigatório com *A Gazeta Esportiva*, Comunicações Nicolini partiu para a produção de eventos próprios. Em duas décadas de atividades, atendeu os seguintes clientes:

- Philips do Brasil S/A
- Cia. Souza Cruz
- Casas Pernambucanas (Arthur Lundgren Tecidos)
- Shell Química do Brasil S/A
- Glasurit do Brasil S/A
- Pepsi-Cola
- Amortex Ind. Com. Auto-Peças Ltda
- Yakult S/A Ind. Com
- Cia. Hansen Industrial (Tubos e Conexões Tigre)
- Nestlé – Produto Yopa
- Editora Abril S/A
- Seagram Continental de Bebidas
- R.J. Reynolds
- Tintas Sherwin Williams
- Anderson Clayton
- Heublein do Brasil
- Abbot Laboratórios do Brasil Ltda
- Bayer do Brasil
- Indústrias Monsanto S/A
- Indústrias Alimentícias Maguary
- Gessy Lever (Divisão Van Den Bergh)
- São Paulo Alpargatas
- Banco Itaú S.A
- LPC Indústrias Alimentícias (Danone)
- Alcan Alumínio do Brasil
- Nadir Figueiredo
- Duratex S/A (Deca)

Case 1: o vôo próprio

- Visconti Indústrias Alimentícias S/A
- Coopercitrus Industrial Frutesp S/A
- União dos Servidores da Caixa Econômica do Est. S. Paulo
- Cia. Hering
- Dow Química
- Cofap – Cia. Fabricadora de Peças

UM DOS PRIMEIROS EVENTOS DO VÔO PRÓPRIO FOI A IMPLEMENTAÇÃO DO I CAMPEONATO MUNDIAL UNIVERSITÁRIO DE FUTSAL, EM PARCERIA COM A CBDU (CONFEDERAÇÃO BRASILEIRA DE DESPORTOS UNIVERSITÁRIOS).

Comunicações Nicolini chegou a ter mais de trinta funcionários registrados e a realizar eventos em, praticamente, todos os estados do nosso país. A empresa recebeu prêmios e ocupou lugar de destaque em sua área de atuação. Foi a empresa de promoções do ano de 1986, e foi mencionada no *Guinness Book* internacional.

81

12

Case 2: um evento no *Guinness Book*

Sob a denominação de Pernambucanas de Natação ou de Programa Ricardo Prado, foi realizado durante cinco anos um projeto de ações voltadas aos desportos aquáticos, integrado por competições, exibições e, principalmente, uma prova de grande repercussão: o Revezamento Gigante. Tratava-se de uma disputa que mobilizava cinqüenta nadadores em cada equipe, cada qual nadando o percurso de 50 metros. Esta prova era efetuada por ocasião da etapa final da série de competições que faziam parte do projeto aquático das Pernambucanas.

A FINAL DA SÉRIE DE COMPETIÇÕES SELETIVAS REALIZAVA-SE NO IBIRAPUERA, EM CLIMA DE APOTEOSE.

A Piscina do Ibirapuera, local do evento, foi balizada no sentido transversal, inclusive o tanque de saltos ornamentais. Dessa medida resultaram 42 raias. As equipes eram compostas por 50 nadadores. Cada competidor nadava 50 metros (50x50).

Esta prova foi disputada durante vários anos, mas o apogeu foi obtido em 1987. O número de 2.100 participantes constituiu um recorde mundial certificado pelo *Guinness Book of Records*, com sede na Inglaterra. Deve-se assinalar que este total foi o de concorrentes em *uma prova*, e não em uma competição.

A produção do Revezamento Gigante exigiu uma verdadeira operação de guerra. Os competidores somente poderiam ficar em local muito amplo, pois não havia espaço nas laterais da piscina para acomodar aquela quantidade de participantes. Foi necessária a construção de escadas entre as arquibancadas e as pilastras de saída. Foi também indispensável a confecção de novas pilastras de saída, pois as que existiam eram fixas e se localizavam no sentido longitudinal. Como foi dito, o revezamento era disputado no sentido transversal.

Sebastian Salinas Abril, peruano, presidente da Ordem de los Caballeros de La Natación, convidado para dar naquele ano o tiro de partida, confessou a sua emoção em ver 42 nadadores mergulhando simultaneamente assim que acionou o gatilho. Um homem com mais de meio século de experiência como juiz de partida, com larga vivência internacional (membro da FINA), deu seu testemunho apaixonado da grandiosidade e adrenalina gerada pela prova a todos os participantes e espectadores. As 42 equipes representavam clubes e escolas de natação da capital e do interior do Estado de São Paulo e incluíam desde nadadores *masters* até petizes, além de ex-recordistas mundiais, como Maria Lenk, José Silvio Fiolo e Manuel dos Santos Junior.

O projeto do Pernambucanas de Natação, do qual o Revezamento Gigante era uma ação e atração, consistia na realização de uma série de competições seletivas no interior de São Paulo, em Curitiba e no Rio de Janeiro. Era destinado a diversas categorias, entre 10 e 16 anos. Em média,

Case 2: um evento no *Guinness Book*

Quarenta e duas equipes com 50 nadadores cada. O recorde está no *Guinness*.

As competições regionais também foram sucesso de público e participação. A soma delas atingiu mais de 10 mil concorrentes.

85

eram realizadas de 8 a 10 seletivas regionais, com uma presença total variável de 10 a 12 mil concorrentes em cada ano. Os 16 melhores classificados de cada prova de um mesmo programa oficial, selecionados por *ranking*, ganhavam o direito de participar das finais que se realizavam em São Paulo. Entre as cidades que já foram sede destas competições classificatórias podemos apontar, entre outras, Franca, Ribeirão Preto, Araraquara, Araçatuba, Limeira, São José dos Campos, São João da Boa Vista, Santos, Catanduva, Presidente Prudente, São José do Rio Preto, Bauru, Curitiba e Rio de Janeiro.

Esta competição correspondeu à porta de entrada de vários nadadores no universo da natação oficial. Entre os mais destacados estava o grande medalhista olímpico Gustavo Borges que, anos mais tarde, foi o organizador de um certame semelhante.

GUSTAVO BORGES, UMA REVELAÇÃO DESTE EVENTO, RECEBE O PRÊMIO DE MELHOR RESULTADO TÉCNICO DAS MÃOS DE RICARDO PRADO. ANOS DEPOIS, ELE VIRIA A SER O MAIOR NOME DA NATAÇÃO BRASILEIRA.

Case 2: um evento no *Guinness Book*

Em um dos anos de disputa (1985), após os Jogos Olímpicos de Los Angeles, em 1984, nos quais Ricardo Prado ganhou medalha de prata, o canadense Alex Baumann, bicampeão olímpico naquela época, foi convidado para nadar a prova de 4x100 metros *medley*.

No ano de 1984, às expensas do patrocinador, os quatro melhores resultados técnicos do Pernambucanas de Natação daquele ano foram agraciados com um convite para assistir aos Jogos Olímpicos de Los Angeles.

José Silvio Fiolo, Ricardo Prado, Maria Lenk e Manoel dos Santos Junior, quatro brasileiros recordistas mundiais de natação, também entraram no Revezamento Gigante, um modelo de confraternização esportiva.

13

Case 3: primeiro Campeonato Mundial de Futebol de Salão

O primeiro Campeonato Mundial de Futebol de Salão foi realizado no Brasil, no Ginásio do Ibirapuera, no ano de 1983, quando essa modalidade estava sob a égide da FIFUSA – Federação Internacional de Futebol de Salão.

A implementação do certame foi feita graças a uma parceria entre Comunicações Nicolini e FIFUSA, na época presidida pelo brasileiro Januário D'Aléssio. Esta copa correspondeu ao primeiro grande evento do futebol de salão em nível mundial e ao ingresso da modalidade no âmbito da internacionalização.

O pioneirismo levou a uma série de problemas logísticos que foram enfrentados pela organização. Tratava-se de um certame efetuado em uma ocasião em que nem as regras do jogo eram mundialmente uniformes. Questões como até a dimensão e o peso da bola do jogo não estavam ainda definitivamente padronizados e normalizados. Estas diversidades, porém, acabaram em acordo e não constituíram nenhum entrave ou dificuldade à realização e ao êxito do torneio.

O Mundial foi disputado por 10 seleções, sendo cinco da América do Sul, uma da América Central, três da Europa e uma da Ásia, a saber: Brasil, Paraguai, Uruguai, Argentina, Tchecoslováquia, Holanda, Japão, Colômbia, Costa Rica e Itália.

O suporte econômico para que o evento fosse efetivado resultou da venda dos direitos de transmissão à Rede Globo, do direito de uso da bola Penalty e do merchandising de quadra, vendido para a Antarctica, Casas

Case 3: primeiro Campeonato Mundial de Futebol de Salão

O RECORDE DE PÚBLICO DO GINÁSIO DO IBIRAPUERA EM EVENTO ESPORTIVO ATÉ HOJE PERTENCE À REALIZAÇÃO DO MUNDIAL DE FUTEBOL DE SALÃO

91

Buri, Nicosan, Denim e Bandeirantes de Seguros. A bilheteria também colaborou expressivamente para que se obtivesse lucro. O saldo obtido pelo certame permitiu o pagamento de parte da sede própria da FIFUSA em São Paulo.

O êxito do campeonato foi enorme, com público significativo em todas as rodadas. O certame foi realizado entre 30 de maio (com abertura solene) e 6 de junho, data do encerramento que congregou 17 mil expectadores. Este número, segundo consta, ainda permanece como recorde de presença humana no Ginásio do Ibirapuera em um evento esportivo.

Posteriormente, a FIFA "assumiu" o futebol de salão e o comando da modalidade hoje está dividido, pois a FIFUSA, fundada em 1970, ainda continua realizando os seus eventos internacionais com o nome de futsal.

A final deste primeiro campeonato foi disputada na manhã de um domingo entre o Brasil e o Paraguai, e o Brasil sagrou-se o primeiro campeão mundial da modalidade. Até hoje este evento é lembrado como um dos maiores certames de futebol de salão já realizados em todo o mundo.

Jogaram na equipe do Brasil: Pança, Barata, Beto Valmil, Leonel, Paulo César, Paulinho, Branquinho, Cacá, Paulo Bonfim, Jackson, Jorginho, Douglas, Carlos Alberto e Miral.

A classificação final do campeonato foi a seguinte:

1° Brasil (campeão)
2° Paraguai (vice-campeão)
3° Uruguai
4° Colômbia
5° Holanda
6° Argentina
7° Itália
8° Tchecoslováquia
9° Japão
10° Costa Rica

O Brasil venceu seus adversários pelas seguintes contagens:

- Brasil 5 X 0 Argentina
- Brasil 14 X 0 Costa Rica
- Brasil 4 X 1 Tchecoslováquia
- Brasil 5 X 1 Uruguai
- Brasil 4 X 1 Colômbia
- Brasil 1 X 0 Paraguai

Case 3: primeiro Campeonato Mundial de Futebol de Salão

Foi neste certame que o futebol de salão firmou-se mundialmente como modalidade esportiva de primeira grandeza.

14

CASE 4: COPA ARIZONA, MAIOR DO MUNDO!

A Copa Arizona de Futebol Amador, realizada durante sete anos seguidos, de 1974 a 1980, transformou-se no maior evento futebolístico amador do mundo, quer pela sua abrangência geográfica, quer pela quantidade de equipes participantes.

Ela teve caráter nacional, com a coordenação geral do autor deste livro na condição de diretor-executivo de Comunicações Nicolini. Ele também, como secretário de *A Gazeta Esportiva*, dirigiu a fase paulista deste certame. A coordenação e a divulgação regional ficaram a cargo do principal veículo impresso de cada unidade do país, os quais contaram com a assessoria de *experts* na organização técnica de eventos futebolísticos.

Desde o seu lançamento, a Copa Arizona mobilizou grandes contingentes de atletas. Ela começou somente com times de São Paulo e a participação de 1.024 equipes. Em 1975, passou para o âmbito nacional e conseguiu reunir mais de 2.000 equipes. Em 1976, a marcha ascendente levou ao registro de 3.072 equipes, e a uma nova superação quantitativa em 1977, aproximando-se de 4.000 o total de equipes concorrentes. O ano de 1978 foi o apogeu desta promoção, com 4.667 equipes, razão pela qual fizemos dele um verdadeiro raio X, que publicamos neste capítulo. Em 1979, o recorde não foi batido e em 1980 o número de times somou 3.550, ainda de grande expressão.

Para dimensionar o recorde mundial obtido em 1978 e para que se tenha um verdadeiro dimensionamento do que representou a Copa Arizona no terreno da promoção esportiva apresentamos este detalhamento.

4.667 EQUIPES: RECORDE MUNDIAL

A Copa em questão reuniu 4.667 equipes em 179 chaves, em todo o Brasil. Foi a seguinte a contribuição de cada estado para que se chegasse a esse total:

- AMAZONAS
  2 chaves – 55 equipes
  Campeão: Tuna Luza

- PARÁ
  7 chaves – 194 equipes
  Campeão: E.C. Asas – Pedreira (Belém)

- MARANHÃO
  2 chaves – 63 equipes
  Campeão: Cruzeiro do Norte E.C. – São Luiz

- CEARÁ
  6 chaves – 135 equipes
  Campeão: Cofeco - Fortaleza

- PIAUÍ
  2 chaves – 42 equipes
  Campeão: Construtora Poti

- RIO GRANDE DO NORTE
  2 chaves – 42 equipes
  Campeão: A.F. ENSERV de Natal

- ESPÍRITO SANTO
  4 Chaves – 117 equipes
  Campeão: Bate Bola Mat. Esp. – Vitória

- **PARAÍBA**
  4 chaves – 96 equipes
  Campeão: Renascença F.C. – Campina Grande

- **PERNAMBUCO**
  10 chaves – 263 equipes
  Campeão: A.A. de Futebol Vila Rica – Jaboatão

- **DISTRITO FEDERAL**
  3 chaves – 96 equipes
  Campeão: Unidos de Sobradinho

- **GOIÁS**
  4 Chaves – 97 equipes
  Campeão: Monte Cristo F.C. – Goiânia

- **MATO GROSSO**
  4 chaves – 96 equipes
  Campeão: Blocopan E.C. – Cuiabá

- **MATO GROSSO DO SUL**
  8 chaves – 206 equipes
  Campeão: Sociedade F.C. – Dourados

- **MINAS GERAIS**
  20 chaves – 599 equipes – 36 cidades
  Com 14 chaves e 432 equipes, Belo Horizonte foi a segunda cidade em número de participantes.
  Campeão: Pingo de Ouro F.C. – Carpina Branca

- **PARANÁ**
  10 chaves – 293 equipes – 30 cidades
  Campeão: A.A. Monoril – Ponta Grossa

- **RIO DE JANEIRO**
  10 chaves – 166 equipes – 17 cidades
  Campeão: Francisco Xavier – Rio de Janeiro

- **RIO GRANDE DO SUL**
  19 chaves – 379 equipes – 35 cidades
  Terceiro estado em número de equipes
  Campeão: Disul – Porto Alegre

- **SANTA CATARINA**
  9 chaves – 236 equipes – 35 cidades
  Campeão: E.C. Corinthians – Florianópolis

- **SÃO PAULO**
  55 chaves – 1.513 equipes – 130 cidades
  Somente na Capital de São Paulo foram 16 chaves e 480 equipes
  Campeão: E.C. Parque da Mooca

Avaliação

As 4.667 equipes que concorreram somente na primeira rodada geraram 2.330 jogos. Se avaliarmos em 300 pessoas o envolvimento médio de cada partida (parte disso já é composta pelos dirigentes e jogadores dos clubes), chegaremos a um total de 699.000 participantes, isto é, o correspondente a seis estádios do Maracanã repletos.

Geografia da copa

A localização geográfica das equipes que participaram da Copa Arizona não se circunscreveu às capitais dos estados envolvidos. As cidades mais representativas do interior também marcaram presença, como veremos neste quadro:

- **PARÁ**
  Belém – Ananindeua – Icoaraci – Augusto Correa – Bragança – Monte Alegre

- **CEARÁ**
  Fortaleza – Iguatu – Juazeiro do Norte – Itapipoca

- **ESPÍRITO SANTO**
  Vitória – Vila Velha – Cariacica – Linhares – Cachoeiro do Itapemirim

- **PARAÍBA**
  João Pessoa – Campina Grande

- **PERNAMBUCO**
  Recife – Olinda – Jaboatão – Cabo – Caruaru – Arcoverde

- **GOIÁS**
  Goiânia – Anápolis

- **MATO GROSSO**
  Cuiabá – Rondonópolis – Cáceres – Nobres

- **MATO GROSSO DO SUL**
  Campo Grande – Três Lagoas – Coxim – Camapuã – Aquidauana – Dourados

- **MINAS GERAIS**
  Belo Horizonte – Contagem – Betim – Ouro Preto – Juiz de Fora – Uberaba – Montes Claros – Uberlândia

- **PARANÁ**
  Curitiba – Ponta Grossa – Umuarama – Londrina – Cascavel

- **RIO DE JANEIRO**
  Rio de Janeiro – Campos – Duque de Caxias – Niterói – Volta Redonda – Petrópolis – São Gonçalo – Teresópolis

- **RIO GRANDE DO SUL**
  Porto Alegre – Canoas – Guaíba – Gravataí – Ijuí – Bagé – Cachoeira do Sul – Caxias do Sul – Pelotas – Alegrete – Rio Grande – Passo Fundo – Lajeado – Santa Maria

- **SANTA CATARINA**
  Florianópolis – Lages – Itajaí – Chapecó – Tubarão

- **SÃO PAULO**
  São Paulo – Osasco – São Bernardo do Campo – Americana – Sumaré – Santa Bárbara D'Oeste – Jacareí – Matão – Araraquara – Birigui – Pederneiras – Dracena – Itapetininga – Marília – Registro – Iguape – Jaú – Santos – Praia Grande – Guarujá – Cubatão – Ituverava – Jaboticabal – Sorocaba – Votorantim – Tambaú – Piraju – Campinas – Valinhos – Vinhedo – Monte Alegre do Sul – Amparo – São José do Rio Preto – São Carlos – Brotas – Araras – Guarulhos – Ilha Solteira – Araçatuba – Ourinhos – Fernandópolis

Veículos envolvidos

Os veículos que divulgaram a Copa em sua fase regional foram os seguintes:

- AMAZONAS — **Jornal do Comércio**
- MARANHÃO — **O Imparcial**
- PARÁ — **A Província do Pará**
- CEARÁ — **O Povo**
- PIAUÍ — **O Dia**
- RIO GRANDE DO NORTE — **Diário de Natal**
- ESPÍRITO SANTO — **A Tribuna**
- PARAÍBA — **O Norte**
- PERNAMBUCO — **Diário de Pernambuco**
- DISTRITO FEDERAL — **Correio Braziliense**
- GOIÁS — **Correio do Planalto e Folha de Goiás**
- MATO GROSSO — **Diário de Cuiabá**
- MATO GROSSO DO SUL — **Correio do Estado**
- MINAS GERAIS — **O Estado de Minas**
- PARANÁ — **O Estado do Paraná e A Tribuna**
- RIO DE JANEIRO — **Jornal dos Sports**

- RIO GRANDE DO SUL — **Folha da Manhã e Folha da Tarde**
- SANTA CATARINA — **O Estado**
- SÃO PAULO — **A Gazeta Esportiva**

Abertura na Av. São João

Os jogos da Copa Arizona sempre foram precedidos de um desfile cívico, antes da rodada inaugural. A equipe que não participasse desta cerimônia não teria direito de disputar a Copa. No ano recordista de 1978, o desfile ocorreu na Avenida São João, com um palanque montado no Largo Paissandu. Por duas horas, desfilaram futebolistas amadores, bandas e fanfarras que integravam as delegações dos clubes.

Estes espetáculos eram sempre prestigiados pela alta direção da Souza Cruz, patrocinadora do evento, que dedicava grande carinho a esta iniciativa na área do futebol amador. O governador do estado e o prefeito da Capital de São Paulo estavam no palanque.

Até hoje, pelas notícias que se tem, nenhum outro evento realizado neste segmento comparou-se em abrangência e quantidade de participantes ou em padrão de produção à Copa Arizona, continuamente lembrada como uma referência.

Quem acendeu a pira

Os maiores jogadores da história do futebol brasileiro acenderam a pira ou leram o juramento do atleta nos anos em que a Copa Arizona foi disputada. No primeiro ano, foi Gylmar dos Santos Neves, campeão mundial de 1970. Em 1977, foi Hideraldo Luiz Belini, capitão da seleção, o atleta que ergueu a Copa Jules Rimet.

No ano de 1975, coube a Waldemar Fiúme (que é estátua no Parque Antártica) fazer o juramento do atleta e, em 1979, foi Biro Biro, ícone do Corinthians, mais tarde eleito vereador, quem acendeu a pira olímpica.

No palanque

Autoridades e personalidades do esporte participaram das solenidades de abertura da Copa Arizona. A simples relação de alguns nomes já é suficiente para avaliar o êxito deste evento, além de sua enorme participação quantitativa.

No desfile inaugural da primeira das 7 copas realizadas, estiveram presentes Paulo Machado de Carvalho, o "Marechal da Vitória", o prefeito municipal Miguel Colassuono, o presidente da Câmara Municipal, João Brasil Vita, o técnico da seleção brasileira, campeão mundial, Vicente Feola, e Henri Aidar, chefe da Casa Civil do governo estadual.

No palanque da Copa de 1978, houve a presença do governador do estado, Laudo Natel, e do prefeito municipal Olavo Setúbal, além do prefeito de Guarulhos, Nefi Tales.

Arthur Alvim – público de 20.000 pessoas

O E. C. Arthur Alvim, no dia 20 de junho de 1976, mobilizou um público de 20.000 expectadores na partida semifinal da Copa, realizada no Estádio dos Trabalhadores (CERET), contra o time da Campineira, do Distrito Federal. Neste jogo, o Arthur Alvim perdeu por 1 a 0 e o Golfinho de Guarulhos foi a equipe campeã.

Quadro de honra da Copa Arizona

Ano	Campeão	Vice
1974	Ajax (Osasco)	São Carlos da Vila Mangalô
1975	Colorado (Curitiba)	Ajax (Florianópolis)
1976	Golfinho (Guarulhos)	Campineira (DF)
1977	Francisco Xavier Imóveis (RJ)	Lagoinha (MG)
1978	Portofelicence (SP)	Elnema (SP)
1979	ADM Frum (SP)	Kosmos (PI)
1980	Francisco Xavier (RJ)	Gigante Rubro (RN)

Viagens prêmio

A equipe do Ajax de Osasco, vencedora da primeira Copa, ganhou como prêmio uma viagem à Argentina. Em 1976, o Golfinho ganhou uma viagem para o Chile.

15

Case 5: Intercolegial Itaú

Uma das maiores realizações já efetuadas na área do esporte estudantil em São Paulo foi o Intercolegial Itaú. Este evento, de caráter poliesportivo, destacou-se não só pela ampla participação quantitativa, como também pela sofisticação de sua implementação.

Exibições de ginástica de alto nível faziam parte do programa do desfile inaugural do Intercolegial Itaú.

Nos dois anos em que esta competição foi disputada, as solenidades inaugurais foram sempre efetuadas no Ginásio do Ibirapuera, completamente lotado. Os colégios inscritos compareciam aos desfiles de abertura do certame com bandas, fanfarras, bandeiras, balizas, alegorias e destaques, demonstrando grande empenho em prestigiar aquela iniciativa. O local do hasteamento das bandeiras era ornamentado por um tapete de mais de 150 m² de flores. Espetáculos musicais e demonstrações esportivas completavam a programação, tanto na jornada inaugural quanto no encerramento do evento.

150 M² DE FLORES ORNAMENTAVAM AS BANDEIRAS QUE FORAM HASTEADAS PELA DIRETORIA DO BANCO ITAÚ.

Este campeonato, integrado por modalidades esportivas coletivas, foi efetuado em 1985 e 1986 com grandes atrações. No primeiro ano houve uma apresentação musical do astro Cazuza, então em seu apogeu. O Ginásio do Ibirapuera ficou completamente lotado, não só pelo público que pretendia presenciar o belo espetáculo como também pelos próprios desfilantes, tão numerosos que não cabiam na parte central da quadra.

Nas rodadas intermediárias havia muito público, bandeiras e entusiasmo.

Ao informarmos o número das equipes participantes em cada uma das modalidades do programa, damos uma dimensão não só da quantidade como também do nível das escolas que participaram do Intercolegial Itaú, certame que assim atingia o objetivo do cliente: promover um evento que realmente marcasse época na área jovem e estudantil.

Modalidades, quantidades, campeões

Categoria A – até 14 anos
Basquetebol	271 equipes participantes
Voleibol	354 equipes participantes
Handebol	175 equipes participantes
Futebol de salão	351 equipes participantes
Futebol de campo	316 equipes participantes
Subtotal	1.467 equipes participantes

Categoria B – até 16 anos
Basquetebol	190 equipes participantes
Voleibol	332 equipes participantes
Handebol	271 equipes participantes
Futebol de salão	309 equipes participantes
Futebol de campo	354 equipes participantes
Subtotal	1.456 equipes participantes

Categoria Feminina (única) – até 16 anos
Basquetebol	84 equipes participantes
Voleibol	290 equipes participantes
Handebol	156 equipes participantes
Subtotal	530 equipes participantes
Total Geral	3.453 equipes participantes

Case 5: Intercolegial Itaú

No merchandising, todos os produtos do cliente.

Galeria de campeões do primeiro Intercolegial Itaú

Modalidade	Categoria	Campeão	Vice-campeão
Basquetebol masculino	A	Colégio Anglo-Latino	Colégio Pueri Domus
	B	Colégio Tabajara	Colégio Campos Salles
Basquetebol feminino	Única	Colégio Anglo-Latino	Colégio Arquidiocesano
Futebol de campo	A	Colégio Campos Salles	Colégio Bandeirantes
	B	Colégio Bilac	Colégio Santo Américo
Futebol de salão	A	Colégio Bandeirantes	Colégio São Bento
	B	Colégio Bilac	Colégio Rio Branco

109

Handebol masculino	A	Colégio Santa Cruz	Colégio Mackenzie
	B	Colégio Rio Branco	Colégio Santa-Cruz
Handebol feminino	Única	Colégio Santa Cruz	Colégio Arquidiocesano
Voleibol masculino	A	Colégio Campos Salles	Colégio Arquidiocesano
	B	Colégio Tabajara	Colégio Campos Salles
Voleibol feminino	Única	Colégio Singular Monteiro Lobato	Colégio Campos Salles

16

Case 6: Copa Tigrão de Futebol de Salão

O grau de difusão de uma modalidade esportiva é fundamental para o êxito de um evento. Este aspecto já foi abordado na primeira parte deste livro, mostrando que um torneio de arco e flecha ou *badminton* certamente não obteria o mesmo retorno em participações do que outras disciplinas mais praticadas.

Neste particular, o futebol de salão deve ser considerado como a disciplina esportiva de maior aceitação entre todos os esportes praticados em nosso país. Conseqüentemente, este fato favorece a realização de uma promoção com menor índice de risco de ausência de retorno.

No ginásio do Tênis Clube Paulista, totalmente lotado, o atleta sobe os degraus para acender a pira olímpica. Seu caminho é o único livre na festa inaugural.

Quando o público-alvo é um segmento específico dentro da amplitude do universo, a recomendação é a realização de um certame de futsal. São poucos os homens em idade esportiva que não praticam em nosso país o esporte da "bola pesada". Este fato explica a grande incidência de escolha desta modalidade no *portfolio* de realizações de Comunicações Nicolini apresentado no Capítulo 21 deste livro.

Neste tipo de promoção, o trabalho de envolvimento, isto é, o recrutamento dos participantes é muito facilitado. Na maioria das vezes o próprio cliente já oferece a relação das equipes a convidar, retiradas obviamente de seu público-alvo. Os concorrentes são atingidos através de mala direta e, de uma forma mais ativa, por telefone e até por visitação ou internet.

Escolhemos como símbolo deste trabalho o Campeonato Tigrão de Futebol de Salão, promovido para Tubos e Conexões Tigre. Ele foi efetuado durante vários anos, reunindo os principais pontos de comercialização dos produtos do cliente na Grande São Paulo, Mogi das Cruzes e Baixada Santista. Em 1978, o evento reuniu 120 equipes; em 1979, 131 equipes e, em 1980, 109 equipes, um grande contingente se considerarmos a especificidade e dimensão do público-alvo.

O importante neste tipo de promoção é que ela não se circunscreve exclusivamente aos jogos. O clímax é obtido na abertura, pela reunião de todos os participantes em ambiente festivo e no encerramento, quando se apura o vencedor.

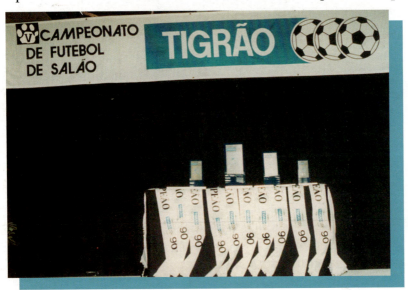

A FAIXA DE CAMPEÃO VAI SOMENTE PARA UMA DAS 120 EQUIPES INSCRITAS.

A realização de uma abertura bem produzida é muito bem recebida pelos atletas e pelos dirigentes das equipes das empresas inscritas. Os jogadores sentem-se muito valorizados diante de toda a simbologia do cerimonial do desfile das delegações, do acendimento da pira, do juramento do atleta e do hino nacional.

Num torneio deste tipo, é importante a realização das partidas em quadras de alto nível, em lugares centrais, pois este padrão contribui muito para a fixação da imagem de marca, não só do torneio, mas, principalmente, do cliente. No caso da Copa Tigrão, patrocinada por Tubos e Conexões Tigre, a abertura e o encerramento do certame de São Paulo foram efetuados no Ginásio do Tênis Clube Paulista. Eventos com estas características foram ainda efetuados para clientes como a Cofap, a Abradif (Associação Brasileira dos Distribuidores Ford), a LPC (Danone), a Shell Química, a Coopercitrus (Copa Frutesp), entre outros.

NA PIRA, A MENSAGEM DO PATROCINADOR.

17

Case 7: Operação Juventude

Este evento, realizado em parceria com *A Gazeta Esportiva*, constitui uma das maiores ações na área da massificação do esporte já efetuadas em território nacional. Voltado para a modalidade de atletismo, nos anos em que foi disputado, chegou a envolver mais de um milhão de participantes.

Seu objetivo era dar a primeira oportunidade de participar de uma competição esportiva à maior quantidade de jovens de nosso país.

A concepção

A Operação Juventude consistiu na arregimentação do público estudantil para competições de atletismo em provas de corrida, de salto em extensão e arremesso de peso.

As faixas etárias eram:

- Mirim   Até 15 anos   Masculino e feminino
- Infantil   Até 17 anos   Masculino e feminino
- Juvenil   Até 19 anos   Masculino e feminino

O programa das atividades era uniforme para todas as sedes que aderiram ao projeto Operação Juventude.

O ranking

Após as diversas etapas, os resultados eram comunicados a uma central, que organizava um *ranking* para selecionar os 16 melhores de cada prova do programa. Estes ganhavam o direito de participar de uma final que recebia uma implementação requintada.

Numa época em que o uso do computador não estava ainda suficientemente difundido, esta tarefa de elaboração do *ranking* era trabalhosa, pois a soma das participações em todas as competições eliminatórias chegava a totalizar centenas de milhares de participantes.

CAIU UMA TROMBA D'ÁGUA EM SÃO PAULO NUMA DAS FINAIS DA OPERAÇÃO JUVENTUDE. OS PROFESSORES DOS PARTICIPANTES PEDIRAM QUE O EVENTO NÃO FOSSE TRANSFERIDO.

CONFIABILIDADE

Os resultados apresentados pelos organizadores das competições regionais foram sempre confiáveis. A necessidade moral do atleta classificado repetir na final um resultado condizente com o registrado na eliminatória, por si só, gerava a atmosfera de confiabilidade. Além disso, o fato da organização central não financiar a passagem para o deslocamento dos atletas classificados até a cidade-sede da final nacional (São Paulo) não transformaria em vantagem qualquer fraude nos resultados.

A FINAL

A final era realizada na pista de atletismo do Centro Olímpico de São Paulo. Era emocionante ver, no desfile inaugural, a diversidade de procedência dos finalistas, que era indicada pelas plaquetas do desfile. A própria geografia do Brasil era desenhada pelos jovens atletas provenientes de Belém (PA), Brasília (DF), Blumenau (SC), Campo Grande (MT) ou do Rio de Janeiro, além, obviamente, de centenas de atletas do interior de São Paulo.

A abertura da final seguia o cerimonial olímpico, e a tribuna de honra era prestigiada por autoridades, dirigentes esportivos, grandes ex-atletas e patrocinadores.

AS BANDEIRAS VOLTARAM A TREMULAR NO FINAL DA COMPETIÇÃO.

O VOLUNTÁRIO

Esta promoção, por seu conteúdo ético e de incentivo ao atletismo, apoiava-se no espírito de voluntariado. A arbitragem das competições regionais e a organização das eliminatórias eram feitas com a participação de voluntários. Além de ampla divulgação pela *A Gazeta Esportiva*, o coordenador de uma regional, fora o *know how*, pouco recebia em apoio material. É verdade que, se fossem pagas as despesas totais de organização de cada competição eliminatória, considerando-se a dimensão do evento, o custo final o tornaria impraticável.

Este aspecto bonito do voluntariado, infelizmente, está em decadência em nosso país. Uma tendência cada vez mais propensa à profissionalização dos dirigentes vai levar um dia à estagnação do desenvolvimento esportivo da nação.

Arbitragem

A arbitragem das finais também era formada por voluntários. A Escola de Educação Física da Polícia Militar do Estado de São Paulo deu grande cobertura à Operação Juventude, dentro de um profundo espírito cívico.

O grande número de provas do programa, a elevada participação e a dificuldade de operacionalização da competição em um tempo exíguo exigiram a criação de metodologia própria para dar ritmo à arbitragem do evento. Cursos específicos para a comunicação dessa metodologia eram realizados antes da disputa das finais.

Os resultados para o atletismo, propiciados pela Operação Juventude enquanto ela foi realizada, foram imensos, não só pela prospecção de novos talentos para esta modalidade esportiva, mas, principalmente, pela oportunidade dada a milhares e milhares de jovens de competir e colocar-se à prova. Foi uma grande obra também do ponto de vista educativo.

Um pouco de história

A Operação Juventude, criada em 1973, teve a Yakult como a primeira patrocinadora. Um planejamento inicial de 10.000 participações de atletas nas provas do programa foi amplamente superado no ano de estreia desta promoção, pois a Operação Juventude foi realizada em 10 cidades, com a participação de 30.000 atletas.

Ainda com o patrocínio da Yakult, em 1975, a Operação Juventude abrangeu 100 competições regionais, envolvendo 250 municípios e mais de 200 mil participações.

Em 1976, o patrocínio do evento passou para a Colgate-Palmolive e ampliou ainda mais o seu âmbito de abrangência, tornando-a praticamente nacional, uma vez que foram realizadas provas em Brasília, Belém do Pará, Blumenau, várias cidades de Mato Grosso do Sul e do Paraná, como Curitiba e Guarapuava.

A última edição, realizada em 1978, chegou a 500 mil participações e incluiu no seu âmbito outras cidades e regiões, com destaque para Manaus e Itacoatiara no Amazonas, Rio de Janeiro, Vitória, no Espírito Santo, e Porto Alegre, no Rio Grande do Sul.

Os vencedores de cada prova ganhavam como prêmio uma viagem turística a Foz do Iguaçu. O próprio gigantismo acabou pondo fim à maior realização do esporte de base já efetuada em nosso país.

ALGUNS ANOS MAIS TARDE, A MAGUARY RETOMOU A TRADIÇÃO DA OPERAÇÃO JUVENTUDE, COM EVENTOS EM SÃO PAULO E PARANÁ.

18

CASE 8: OLIMPÍADAS PHILIPS

Como dissemos na primeira parte deste livro, o objetivo do evento esportivo pode ir muito além da comercialização de produtos ou da fixação de uma imagem de marca. Ele também se presta para o que poderíamos chamar de "marketing interno", isto é, a utilização do esporte e de outras atividades paralelas para fortalecer o relacionamento saudável entre empregados e empregador de uma empresa. Neste caso, o contratante do evento é o departamento de recursos humanos, que aproveita datas e ocasiões especiais para lançar promoções que também resultem no bom relacionamento dos empregados entre si.

Comunicações Nicolini implementou iniciativas nesta área para a Alpargatas (fábrica de São José dos Campos), Nadir Figueiredo, Alcan e Philips. O evento para a Philips, que escolhemos para exemplificar este tipo de ação, teve como motivação a comemoração dos 70 anos de sua presença no Brasil. Foi uma promoção de alta abrangência, pois mobilizou todas as empresas integrantes da *holding*. Houve, inclusive, etapas classificatórias em Manaus e Recife, envolvendo as unidades sediadas naquelas capitais.

Dentro do programa esportivo, foram realizadas disputas de voleibol (masculino e feminino), basquetebol, futebol de campo, xadrez, tênis, futebol de salão, dominó, tênis de mesa, atletismo, natação e truco.

Entre as atividades artísticas e culturais foram efetuados concursos literários de desenho, de pintura, de fotografia e de música (composição e interpretação).

Foi ainda criada uma categoria à parte para integrar os familiares dos competidores, nas modalidades de atletismo, natação, xadrez, concurso literário, pintura e desenho. Com esta medida, também filhos e esposas eram incorporados à festa.

Houve ainda outras ações que complementaram a programação, como a escolha da mais bela funcionária, da melhor torcida, da melhor apresentação no desfile de abertura e entrega do troféu *fair play* (o melhor comportamento ético-esportivo do certame). Com tal diversidade de atividades, praticamente todos os servidores da Philips foram mobilizados, pois dificilmente haveria uma pessoa que não estivesse apta a concorrer em alguma ação da ampla programação.

O êxito e a vibração foram enormes, desde o desfile de abertura até a disputa das finais. Na data escolhida para as grandes finais do evento, o Ginásio do Pacaembu esteve repleto de participantes e torcedores. As diversas competições foram efetuadas em locais nobres como a piscina da Água Branca, o Estádio do Pacaembu, para a final do futebol, e o Centro Olímpico de Manaus, na etapa daquela cidade.

Melhor do que palavras, as fotografias que ilustram este capítulo e a capa deste livro falam do êxito e dos resultados obtidos.

NA CONFRATERNIZAÇÃO DOS VÁRIOS DEPARTAMENTOS, A ESSÊNCIA DO MARKETING INTERNO.

Case 8: Olimpíadas Philips

Emoção que uma vitória provoca.

O evento esportivo como objeto de marketing

As mais belas eleitas por um júri ultra qualificado. Dele fizeram parte Ala Szerman, Joyce Leão, Osíris Silva, Wolfgang Sauer e outros.

Case 8: Olimpíadas Philips

EM CADA ATIVIDADE HÁ PROSPECÇÃO DOS MELHORES VALORES EM DIVERSAS MODALIDADES. NA FOTO ERA O BASQUETE.

UMA EMPRESA DE ÂMBITO NACIONAL NÃO PODERIA DEIXAR DE PREMIAR O REPENTISTA DO NORDESTE.

19

Case 9: Jogos Pernambucanas

No Capítulo 5 deste livro procuramos destacar a importância da regionalização do evento esportivo, isto é, a sua realização na área geográfica em que o cliente pretende marcar a sua presença.

Os Jogos Pernambucanas constituem um exemplo típico desta afirmativa ao terem escolhido centralizar, no oeste do Paraná e de Santa Catarina, uma ação voltada ao público estudantil com o objetivo de uma aproximação daquela rede de lojas com o jovem. Por esta razão, o evento chegou a receber o nome de "Jogos do Oeste" nos dois primeiros anos em que foi realizado.

Em Joaçaba, a festa foi em frente à loja do cliente.

O certame teve caráter poliesportivo. Dele constavam as modalidades masculina e feminina de voleibol, handebol, futebol de salão (só masculina), basquetebol e atletismo, representado por uma grande prova pedestre realizada em seqüência à solenidade inaugural. Conforme a sede, essa cerimônia era efetuada em ginásio coberto ou na rua principal da cidade, com a participação de bandas, fanfarras, desfilantes e enorme presença popular. O palanque das autoridades era armado defronte da loja do cliente.

A abrangência dos jogos era muito grande, pois reunia cidades integrantes de uma área geográfica que ia de Cambará, na divisa do Paraná com São Paulo, até Concórdia, perto da divisa de Santa Catarina com o Rio Grande do Sul.

A forma de se tornar exeqüível um evento em uma área territorial tão extensa foi a realização de competições classificatórias em subsedes, dispostas geograficamente de modo a abranger toda a região prevista pelo regulamento.

Uma programação uniforme para toda a região abrangida pelos jogos era levada a efeito nas competições classificatórias. Nas modalidades cole-

BANDEIRAS E CAMISETAS = VISUAL.

tivas, as duas melhores equipes garantiam seus lugares para a grande final. Grande participação ocorria nestas competições regionais, que tinham também âmbito intermunicipal. Este fato lhes conferia um valor próprio, independentemente de seu cunho seletivo. Havia nelas os principais ingredientes do sucesso, que eram um número significativo de cidades e uma enorme quantidade de participantes, além de grande entusiasmo e rivalidade.

A iniciativa foi disputada em sedes importantes, como Pato Branco (PR), Guarapuava (PR), Chapecó (SC), Maringá (PR), Videira (SC), Londrina (PR), Apucarana (PR), Concórdia (SC), Caçador (SC), Foz do Iguaçu (PR) e outras.

Logo no primeiro ano de realização dos Jogos, houve a presença de 100 escolas, 55 cidades e 10.000 colegiais, total que triplicou com o decurso dos sucessivos eventos.

PRÊMIOS DIFERENCIADOS.

Adaptando-se os Jogos Pernambucanas ao campo de interesse do cliente, foi incluído no regulamento, tanto na fase regional quanto na final, um concurso de música (interpretação e criação) e um desfile de criatividade e moda, em que as desfilantes eram colegiais vestindo roupas condizentes à sua faixa etária.

A disputa final, conseqüentemente, mobilizava todos os segmentos sociais da cidade-sede e a sua implementação implicava em uma verdadeira operação de guerra. Colégios serviam de alojamentos para os estudantes procedentes de outros municípios. Armavam-se refeitórios nos próprios estabelecimentos de ensino, e as associações de pais e mestres eram contratadas para o fornecimento das refeições.

Um evento como este sempre contou com a plena colaboração das entidades estaduais e municipais responsáveis pelo ensino público. Os prefeitos municipais prestigiaram a iniciativa, quer nas fases regionais, quer na final, quando participavam os melhores classificados das várias etapas.

Nos últimos anos dos Jogos Pernambucanas, foram realizados "shows" com a presença de conjuntos musicais de grande prestígio nos dias da inau-

DESFILE DE MODA — CRIAÇÃO DAS ALUNAS.

guração ou encerramento do evento. O interesse dos participantes e do público das cidades-sede na festa e no espetáculo era tão grande que resultou na conquista, por essa promoção, do recorde de presença no Ginásio Oscar Pereira, de Ponta Grossa, e no Ginásio Municipal de Londrina, na época o maior, em recinto coberto, do sul do país.

As sedes

Nos três primeiros anos, as finais da extensa região eram realizadas em uma única cidade, reunindo concorrentes dos dois estados. Após 1985, por razões logísticas, os jogos passaram a ter duas finais.

Eis os locais que sediaram este grande evento nos nove anos consecutivos em que foi realizado:

1982	Etapas classificatórias:	Pato Branco, Chapecó, Cascavel, União da Vitória/Porto União
	Final	União da Vitória/Porto União
1983	Etapas classificatórias:	Chapecó, Caçador, Toledo, Campo Mourão, Francisco Beltrão, Guarapuava
	Final	Guarapuava
1984	Etapas classificatórias:	Cornélio Procópio, Maringá, Concórdia, Videira, Foz do Iguaçu, Ponta Grossa, Umuarama
	Final	Umuarama
1985	Ponta Grossa e Joaçaba	
1986	Londrina e Xanxerê	
1987	Apucarana e Chapecó	
1988	Cascavel e Caçador	
1989	Guarapuava e Chapecó	
1990	Maringá e Concórdia	

ÁREA ABRANGIDA – 227.591,10 km²

TOTAL DE 283 CIDADES, ASSIM DIVIDIDAS: 40 NA REGIÃO DE CORNÉLIO PROCÓPIO; 31 NA DE PONTA GROSSA; 31 NA DE VIDEIRA; 51 NA DE CONCÓRDIA; 39 NA DE FOZ DO IGUAÇU; 52 NA DE MARINGÁ E 39 NA DE UMUARAMA.

CORNÉLIO PROCÓPIO

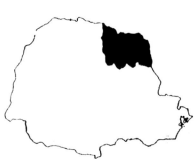

CIDADES PARTICIPANTES: Santa Mariana, Bandeirantes, Andiré, Cambará, Jacarezinho, Santo Antonio da Platina, Ribeirão do Pinhal, Nova Fátima, Joaquim Távora, Ibaiti, Uraí, Ibiporã, Londrina, Cambé, Assaí, Sertaneja, Sertanópolis, Primeiro de Maio, Bela Vista do Paraíso, Jaguatipã, Santa Amélia, Abatiá, Jundiaí do Sul, Guapirama, Siqueira Campos, Congoinhas, Ribeirão Claro, Jataizinho, Nova América da Colina, São Sebastião da Amoreira, Santa Cecília do Pavão, Santo Antônio do Paraíso, São Jerônimo da Serra, Sapopemba, Itambaracá, Leópolis, Rancho Alegre, Alvorada do Sul e Cornélio Procópio.

PONTA GROSSA

CIDADES PARTICIPANTES: Telêmaco Borba, Castro, Wenceslau Brás, Prudentópolis, Irati, Lapa, Campo Largo, Guarapuava, Ortigueira, Reserva, Tibagi, Piraí do Sul, Jaguariativa, Arapoti, Sengés, Ipiranga, Imbituva, Ivaí, Teixeira Soares, Rebouças, Rio Azul, Mallet, Inácio Martins, Palmeira, Porto Amazonas, São João do Triunfo, Balsa Nova, Almirante Tamandaré, Colombo, Rio Branco do Sul, Bocaiúva do Sul e Ponta Grossa.

Case 9: Jogos Pernambucanas

VIDEIRA

CIDADES PARTICIPANTES: Joaçaba, Capinzal, Treze Tílias, Caçador, União da Vitória, São Mateus do Sul, Fraiburgo, Campos Novos, Tangará, Pinheiro Preto, Ibicaré, Luzerna, Erval do Oeste, Lacerdópolis, Ouro, Água Doce, Salto Velozo, Arroio Trinta, Rio das Antas, Matos Costa, Porto União, Porto Vitória, Paula Freitas, Paulo Frontin, Antônio Olinto, General Carneiro, Bituruna, Cruz Machado, Pinhão, Rio Negro e Campo Tenente.

CONCÓRDIA

CIDADES PARTICIPANTES: Chapecó, Xanxerê, São Lourenço do Oeste, Palmas, Pato Branco, São Miguel do Oeste, Itapiranga, Palmito, Maravilha, Marcílio Dias, Piritiba, Ipira, Piratuba, Castelo Branco, Jaborá, Catanduvas, Irani, Seara, Xavatina, Nova Estrela, Ponte Serrada, Varjeão, Faxinal dos Guedes, Xaxim, Coronel Freitas, Quilombo, Galvão, São Domingos, Abelardo Luz, Clevelândia, Mariópolis, Itá, Vitorino, Caxambu do Sul, Águas de Chapecó, São Carlos, Palmassola, Dionísio Cerqueira, Guarujá do Sul, São José do Cedro, Anchieta, Guaraciaba, Descanso, Mondaí, Caibi, Cunha Porã, Modelo Saudades, Pinhalzinho, Nova Erexim e Concórdia.

FOZ DO IGUAÇU

CIDADES PARTICIPANTES: São Miguel do Iguaçu, Medianeira, Matelândia, Cascavel, Guaraniaçu, Laranjeiras do Sul, Quedas do Iguaçu, Campanema, Santo Antônio do Sudoeste, Barracão, Realeza, Dois Vizinhos, Chopinzinho, Coronel Vivida, Francisco Beltrão, Santa Helena, Céu Azul, Vera Cruz do Oeste, Corbélia, Catanduvas, Planalto, Pérola do Oeste, Salgado Filho, Ampere, Santa Isabel do Oeste, Nova Prata, Salto da Lontra, Enéas Marques, São Jorge do Oeste, São João, Mangueirinha, Itapejara do Oeste, Marmeleiro, Renascença, Capitão Leônidas Marques, Verê, Foz do Iguaçu, Porto Presidente Stroessner (Paraguai) e Puerto Iguazu (Argentina).

MARINGÁ

CIDADES PARTICIPANTES: Pitanga, Barbosa Ferraz, Campo Mourão, São João do Avaí, Barrazópolis, Peabiru, Terra Boa, Bom Sucesso, Itambé, Jandaia do Sul, Mandaguari, Marialva, Nova Esperança, Jaguapitã, Araruna, Rolândia, Arapongas, Apucarana, Floraí, Paraíso do Norte, São Jorge do Ivaí, Astorga, Palmital, Nova Cantu, Roncador, Cândido de Abreu, Manoel Ribas, Iretama, Jardim Alegre, Lunardelli, Grandes Rios, Faxinal, Fênix, São Pedro do Ivaí, Quinta do Sol, Kaloré, Engenheiro Beltrão, Rio Bom, Marilândia do Sul, Marumbi, Califórnia, Floresta, Ivatuba, Doutor Camargo, Cambira, Sabaudia, Munhoz de Melo, São Carlos do Ivaí, Tamboara, Mirador, Presidente Castelo Branco, Ourizona e Maringá

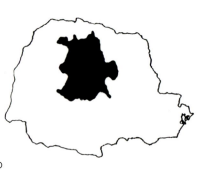

UMUARAMA

CIDADES PARTICIPANTES: Alto Piquiri, Assis Chateaubriand, Toledo, Marechal Cândido Rondon, Iporã, Terra Roxa, Palotina, Pérola, Altônia, Icaraíma, Cidade Gaúcha, Rondon, Cruzeiro do Oeste, Cianorte, Japurá, Campina da Lagoa, Ubiratã, Goio-erê, Moreira Sales, Mariluz, Tupãssi, Nova Santa Rosa, Francisco Alves, Guaíra, Xanbrê, Maria Helena, Nova Olímpia, Guaporema, Tapira, Tuneiras do Oeste, São Tomé, Indianápolis, Cafelândia, Nova Aurora, Mamborê, Formosa do Oeste, Boa Esperança, Janiópolis, Tapejara e Umuarama.

GINÁSIO DE ESPORTES REPLETO EM TODOS OS JOGOS DE CHAPECÓ.

20

Recordes de público

Vários recordes de público foram registrados em muitos locais que abrigaram eventos esportivos promovidos por Comunicações Nicolini. São marcas que subsistiram até os dias presentes em estádios consagrados. Apresentaremos alguns a seguir.

Ginásio do Ibirapuera

A final do Campeonato Mundial de Futebol de Salão, realizada no mês de maio de 1983, reuniu 17.000 expectadores, apesar deste evento ter tido transmissão ao vivo pela TV Globo. É o maior público esportivo já recebido pelo Ginásio Geraldo José de Almeida(imagem nas páginas 90 e 91).

Ginásio Poliesportivo Mauro Pinheiro

O desfile inaugural da Copa Dan'Up do ano de 1987 correspondeu ao recorde de público do Ginásio Poliesportivo Mauro Pinheiro, integrante do complexo do Ibirapuera (imagem na página 38).

Além da lotação total de todos os lugares disponíveis nas arquibancadas, havia 2.000 desfilantes no centro da quadra.

Piscina do Ibirapuera

Durante as finais do Programa Pernambucanas de Natação, ocasião em que foi realizado o Revezamento Gigante, a capacidade total das tribunas foi ultrapassada pelo número de espectadores e concorrentes ao evento.

Nunca mais o natatório do Ibirapuera obteve um público tão numeroso, recorde histórico do local, apesar daquela piscina ter sido sede de eventos internacionais (imagem na página 83).

Em Londrina

O Ginásio Municipal da cidade de Londrina, um dos maiores do sul do país, teve seu recorde de público nas finais dos Jogos Pernambucanas, realizadas no ano de 1986.

Da abertura da etapa final daquele evento constava um desfile dos participantes e um show de música jovem. Estava previsto na programação que os participantes ocupassem as arquibancadas. Entretanto, após passar diante da tribuna, os concorrentes não conseguiram nenhum lugar, pois o público já havia ocupado todo o espaço disponível.

Ginásio Oscar Pereira – Ponta Grossa

Situação análoga à registrada no Ginásio Municipal de Londrina ocorreu em Ponta Grossa, também em uma final dos Jogos Pernambucanas.

Estádio Ícaro de Castro Mello

A Mini Olimpíada Disney, na pista do Ibirapuera (Ícaro de Castro Mello), também registrou o recorde de público esportivo, apesar de outros eventos importantes terem sido realizados naquele local. Além de todas as arquibancadas lotadas, o centro do gramado foi ocupado por 800 alunos que fizeram uma inesquecível demonstração de ginástica.

21

Eventos realizados

Em uma década e meia de atividades, foram realizados centenas de eventos por Comunicações Nicolini que movimentaram o esporte de base de grande parte do nosso país. Algumas destas disputas de caráter promocional foram repetidas por vários anos, fato indicador de um significativo índice de aprovação pelo cliente do trabalho efetuado.

Da mesma forma, a relação de eventos que apresentamos abaixo revela um alto nível dos clientes atendidos, muitos deles líderes em suas atividades.

No que diz respeito ao lado esportivo propriamente dito, chama atenção a diversidade de modalidades envolvidas na promoção. Embora o futebol de salão tivesse prevalecido por seu alto grau de universalidade, os clientes também escolheram a natação, o atletismo colegial, o tênis, atividades de praia e torneios poliesportivos.

Vejam em nossa relação de promoções os logotipos de algumas delas:

- Festejos Comemorativos aos 70 anos da Philips no Brasil
- Campeonato Mundial de Futebol de Salão
- Copa Arizona de Futebol Amador
- Programa Ricardo Prado (Natação)
- Taça Continental de Futebol de Salão
- Jogos Pernambucanas (Paraná e Santa Catarina)
- Campeonato Mundial Universitário de Futebol de Salão
- Copa Dreher de Futebol Amador
- Old Eight Supermasters (Tênis)
- Taça Plaza de Futebol de Salão
- Copa Amortex

- Campeonato Tigrão
- Copa de Ouro Yopa
- Taça Yakult de Natação
- Miniolimpíada Disney
- Operação Juventude
- Copa River de Futebol entre Escolas de Samba (RJ)
- Copa Winston de Tênis
- Copa Azodrin de Futebol de Salão
- Copa Glasurit de Futebol de Salão
- Copa River de Futebol de Salão (SP)
- Taça Pepsi de Futebol Colegial
- Copa River de Futebol de Salão (RS)
- Taça São Paulo de Futebol Infantil (Amendocrem)
- Torneio Sucaryl Superstars (Tênis)
- Torneio Intercooperativas
- Intercolegial Maguary (Atletismo)
- Semana Olímpica Universitária Free
- Vôlei no Parque
- Gincana Yopa
- Intercolegial Itaú
- Os Caminhoneiros do Ano
- Travessia de Gastão Figueiredo no Rio Tietê
- Copa Dan'up Colegial
- Copa Gradina de Futebol de Salão
- Copa LPC para Supermercados
- Verão Dan'up
- Copa Cofap de Futebol de Salão
- Copa Brastemp de Futebol de Salão
- Jogos Alcan de Integração
- I Jogos Olímpicos Nadir
- Amigos da Deca
- Olimpíada do Jubileu de Prata da Alpargatas – S. J. Campos
- Programa Pernambucanas de Natação
- Torneio Internacional de Soft-Tênis

Eventos realizados

- Verão Hering
- Olimpíada da Integração Nossa Caixa
- Io-Iô Crem na Piscina
- Copa Frutesp de Futebol de Salão
- Domingo no Parque Dow Química
- Copa Philips de Futebol de Salão
- Olimpíadas Abradif
- Copa Bosch de Futebol Society
- Olimpíadas Philips
- Jogos Internos Philips
- Jogos Internos da Editora Abril

139

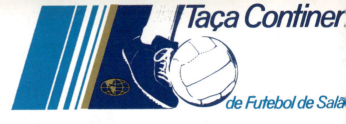

22

Prêmios, citações e láureas

A dedicação de um corpo de servidores e a aplicação do *know how* que foi teorizado na primeira parte deste volume levaram ao reconhecimento de prestigiosas entidades nacionais e internacionais, que conferiram aos clientes de Comunicações Nicolini prêmios, citações e láureas. Foram eles os seguintes:

Guinness Book of Records

A realização do Revezamento Gigante, no encerramento das etapas do evento Pernambucanas de Natação em 1987, levou-o à conquista do *Guinness Book of Records*. Foram 2.100 nadadores competindo em uma única prova. Os detalhes são encontrados no *case* descritivo daquele evento, publicado no Capítulo 12 deste livro.

Edição Brasileira de 1996

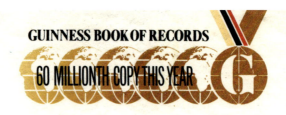

```
                                        9 August 1988
Mr H Nicolini
Comunicacoes nicolini s/c Itda
Rua Stella 134
Vila Mariana
San Paulo 04011
BRAZIL




Dear Mr Nicolini

Thank you for your letter and enclosures of 15 June
concerning the mass participation swimming relay.

I am pleased to confirm that we accept your new claim and
hopefully one of the pictures that you supplied will be used
in the 1989 edition of the book.

Can you pass on my congratulations to all concerned.

Best wishes

Yours sincerely



Stewart Newport
Deputy Editor
```

Correspondência da direção do *Guinness Book*, informando a admissão no Guia Internacional de 1989

CERTIFICADO

GUINNESS BOOK
O LIVRO DOS RECORDES

COMUNICAÇÕES NICOLINI

Implementação do maior revezamento de uma única prova já

realizado no Brasil, com 2.100 participantes, em 1987

SOLANGE COSTA SOUZA   DOMINGO ALZUGARAY

ESTE CERTIFICADO COMPROVA A INCLUSÃO DE SEU RECORDE NA EDIÇÃO BRASILEIRA DO GUINNESS BOOK, O LIVRO DOS RECORDES - 1996

Empresa de Promoção do Ano

A iniciativa anual Prêmio Colunistas, com júri integrado pela imprensa especializada em propaganda e coordenada pela Editora Referência, consignou ao autor deste livro o prêmio de Empresário de Promoção do Ano – 1986.

Trata-se de um *Grand Prix* entregue com a presença de todo o mundo publicitário. O significativo desta láurea é que não se tratava de um prêmio específico para a promoção esportiva, mas para a promoção em geral, incluindo-se embalagens e design. Tudo o que não é veiculação, para efeito de julgamento desta láurea, é considerado promoção.

Prêmio Colunistas

Nos vários anos de sua atuação, Comunicações Nicolini obteve os seguintes prêmios na categoria "Evento Esportivo": o prestigioso Prêmio Co-

lunistas, cujo júri era formado por todos os colunistas de destaque da área da propaganda.

Medalhas de Ouro

Programa Ricardo Prado (clientes: Casas Pernambucanas e Topper)
Copa LPC para Supermercados (cliente: LPC Inds. Alimentícias)

Medalhas de Prata

Intercolegial Itaú (cliente: Banco Itaú)
Semana Olímpica Universitária *Free* (cliente: Souza Cruz)
Jogos Pernambucanas (cliente: Casas Pernambucanas)
Copa Brastemp para Revendedores (cliente: Brastemp)
Jogos da Integração Alcan (cliente: Alcan Alumínios do Brasil)

Medalhas de Bronze

Intercolegial Maguary (cliente: Inds. Alimentícias Maguary)
Caminhoneiro do Ano (cliente: Alpargatas – Encerados Locomotiva)

Prêmios, citações e láureas

Prêmio ABRACOMP
Medalha de prata

Cliente: Philips do Brasil

Categoria: Ações ou eventos – 1994

Evento: Olimpíadas Philips, realizadas em comemoração ao 70º aniversário desta empresa no Brasil e descrito em *case* neste livro.

Festival Brasileiro De Promoção, Embalagem E Design

Cliente: Brastemp
Categoria: *Cases* Promocionais - 1987
Evento: 1ª Copa Brastemp de Futebol de Salão

Do Mesmo Autor

Tietê – O Rio do Esporte
O Jornal de Ontem
Cátedra e Quadra
Olimpismo no Brasil

Sobre o Livro
Formato: 17 x 24 cm
Mancha: 13,5 x 20,5 cm
Tipologia: ITC New Baskerville
Papel: couché 90 g
1ª edição brasileira: 2008
nº de páginas: 152 páginas

Equipe de Realização
Talita Gnidarchichi (assistente editorial)
Editoração Eletrônica
André Henrique Santos (capa)
Augusto Iriarte (revisão)

Impressão
Edelbra Gráfica